Collection dirigée par H

Les Mots

Jean-Paul Sartre

- des repères pour situer l'auteur, ses écrits, l'œuvre étudiée
- une analyse de l'œuvre sous forme de résumés et de commentaires
- une synthèse littéraire thématique
- des jugements critiques, des sujets de travaux, une bibliographie

Lucien Giraudo

Certifié de Lettres modernes

Sommaire

REPÈRES
- La vie de Sartre 3
- Chronologie 7
- L'œuvre de Sartre 11
- Sommaire des *Mots* 15
- Les personnages 19

RÉSUMÉS ET COMMENTAIRES 21

SYNTHÈSE LITTÉRAIRE
- L'avènement autobiographique 87
- L'arrière-plan de la guerre 88
- La comédie familiale 89
- Les personnages 90
- L'être et le néant 92
- L'ordre du récit 94
- *Les Mots* et l'autobiographie 95
- Parodie et autoparodie 96
- Une rhétorique de l'ironie 98
- Une esthétique du renversement 99

ANNEXES
- Lexique 101
- Quelques citations 105
- Jugements critiques 109
- Index thématique 111
- Plans et sujets de travaux 113
- Bibliographie essentielle 127

© Éditions Nathan 1996, 9, rue Méchain – 75014 Paris
ISBN 2-09-180793-1

La vie de Sartre

LES ANNÉES DE FORMATION : 1905-1930

Jean-Paul Sartre naît le 21 juin 1905 à Paris. Sa famille du côté maternel est d'origine alsacienne ; son grand-père, Charles Schweitzer, est professeur d'allemand et enseignera notamment au lycée Janson-de-Sailly de 1893 à 1909. Son père, Jean-Baptiste Sartre, était enseigne de vaisseau ; il fut emporté par la fièvre asiatique en septembre 1906 si bien que, dans *Les Mots*, Sartre déclare ne rien connaître de cet homme qui fut son père : « De cet homme-là, personne dans ma famille, n'a su me rendre curieux. » C'est donc auprès d'« un vieillard et de deux femmes », ses grands-parents et sa mère Anne-Marie, que ce fils unique passe son enfance, d'abord à Meudon puis à Paris. En 1917 sa mère, remariée, et son beau-père s'installent à La Rochelle : Jean-Paul fréquente le lycée de garçons de la ville.

Mais c'est à Paris, au lycée Henri IV puis à Louis-le-Grand, qu'il poursuit une scolarité brillante. Entré en 1924 à l'École normale supérieure, il est reçu à l'agrégation de philosophie en 1929. À cette date il a déjà rencontré Nizan, qui fut un de ses amis d'enfance, Raymond Aron, Simone de Beauvoir. Celle-ci, surnommée le « Castor » et qui devint sa compagne, raconte dans *Mémoires d'une jeune fille rangée* comment, dans les discussions qu'ils avaient ensemble, elle entrevit toute la richesse et la fécondité des idées de Sartre, en particulier celles sur la théorie de la contingence « où se trouvaient déjà en germe ses idées sur l'être, l'existence, la nécessité, la liberté. J'eus, dit-elle, l'évidence qu'il écrirait un jour une œuvre qui compterait ».

LES ANNÉES DÉCISIVES : 1930-1945

En 1931, Sartre est nommé professeur de philosophie au Havre ; c'est aussi l'époque où il commence à écrire dans le but d'être publié, notamment un premier état de *La Nausée* appelé « Factum sur la contingence ». Il approfondit sa connaissance de la *Gestalttheorie*, de la psychanalyse, et découvre, au début des années trente, la phénoménologie de Husserl, *Voyage au bout de la nuit*, de Céline, ainsi que les écrivains américains (Dos Passos, Hemingway, Faulkner). Il voyage en Europe, en Afrique du Nord, et en 1934 il est pensionnaire de l'Institut français de Berlin où il écrit *La Transcendance de l'ego* et une seconde version de *La Nausée*. De 1934 à 1936, il mène des recherches sur l'imagination dont la première partie sera publiée chez Alcan (*L'Imagination*, 1936) et la seconde partie en 1940 chez Gallimard (*L'Imaginaire*). En 1937, son manuscrit « Melancholia », d'abord refusé par Gallimard l'année précédente, est finalement accepté et publié sous le titre *La Nausée*. La même année la NRF publie *Le Mur*. Cette nouvelle donnera son titre au recueil publié en 1939, en même temps que *Esquisse d'une théorie des émotions*.

Sartre s'était senti concerné par la guerre d'Espagne (1936), mais c'est surtout au printemps de 1939 que l'Histoire fait vraiment irruption dans sa vie : « La guerre a vraiment divisé ma vie en deux. Elle a commencé quand j'avais trente-quatre ans, elle s'est terminée quand j'en avais quarante et ça a vraiment été le passage de l'âge mûr. » Durant la « drôle de guerre », il écrit sur des carnets ses réflexions philosophiques qui deviendront plus tard *L'Être et le Néant*, et il poursuit son roman *L'Âge de raison*. Il est fait prisonnier au début de l'été 1940 et dirigé vers le camp de Trêves d'où il s'évade en mars 1941.

À la fin de cette même année, il entreprend une pièce de théâtre intitulée *Les Mouches*, où il place « l'unique forme de résistance qui lui fut accessible » (Simone de Beauvoir). Dans les années 1943 et 1944, il rédige en quelques jours une pièce intitulée *Huis clos*, écrit des scénarios de film et rencontre Albert Camus, Michel Leiris, Raymond Queneau, Picasso, Georges Bataille, Armand Salacrou. Durant toutes ces années les réussites littéraires et philosophiques se succèdent, Sartre acquiert une notoriété auprès de ses pairs ; mais c'est surtout après 1945 qu'il devient célèbre.

UNE LITTÉRATURE ENGAGÉE : 1945-1980

La vogue de l'existentialisme comme mouvement littéraire et philosophique bat alors son plein. Sartre est à la tête de la revue *Les Temps modernes*, il donne de nombreuses conférences en France et à l'étranger, en particulier aux États-Unis. Ses rapports avec le Parti communiste français sont tendus, notamment après son étude « Matérialisme et révolution » (1946) où il adresse de vives critiques au matérialisme historique.

L'engagement politique devient une activité aussi importante que la littérature. En 1948-49, il participe au Rassemblement démocratique révolutionnaire, en 1954 il se rend en URSS et devient vice-président de l'Association France-URSS. Il ne s'éloigne des communistes que lors de l'intervention soviétique en Hongrie (1956). Il commence en 1957, *Critique de la raison dialectique* qui sera publiée en 1960 ; entre-temps, il obtiendra un grand succès avec *Les Séquestrés d'Altona*. Il visite Cuba en 1960 et signe, la même année, le manifeste des 121 favorable au droit d'insoumission dans la guerre d'Algérie. Il donne son soutien au FLN algérien et son domicile est la cible de deux attentats (1961 et janvier 1962). Il participe en 1966 et 1967 au « tribunal Russell » chargé d'enquêter sur les crimes de guerre commis au Vietnam par l'armée américaine. En 1968, il soutient les étudiants durant les journées de mai en France, et condamne l'intervention soviétique en Tchécoslovaquie. En 1970, il accepte de prendre la direction du journal *La Cause du peuple* et va parler aux ouvriers à la sortie des usines. Fin 1972-début 1973, il prend la direction du journal *Libération*. Il s'intéresse au statut des prisonniers politiques en RFA. Cependant son activité doit se ralentir à cause de sérieux ennuis de santé (1974-1975). De 1976 à 1979, il tente de favoriser les rapprochements entre Israël et les Palestiniens. Il s'éteint à soixante-quinze ans, le 15 avril 1980. Ses obsèques rassemblent à Paris une foule immense.

VIE ET ŒUVRE DE JEAN-PAUL SARTRE	ÉVÉNEMENTS POLITIQUES, SOCIAUX ET CULTURELS
1903 Naissance à Paris (21 juin).	
1906 Mort de son père.	
	1914 Guerre franco-allemande. Freud, *Introduction à la psychanalyse*.
1916 Remariage de sa mère.	
1917 Lycée de La Rochelle.	
	1918 Armistice (11 novembre).
	1921 Gide, *Si le grain ne meurt*.
1924 → **1928** École normale supérieure.	
	1926 Mauriac, *Thérèse Desqueyroux*.
1929 Rencontre de Simone de Beauvoir. Agrégation.	**1929** Claudel, *Le Soulier de satin*.
1931 Nommé au lycée du Havre. « Factum sur la contingence », premier état de *La Nausée*.	**1931** Nizan, *Aden Arabie*.
	1932 Céline, *Voyage au bout de la nuit*.
1933 → **1934** Séjour à l'Institut français de Berlin. Découverte de la phénoménologie. Rédaction de l'essai : *La Transcendance de l'ego*. Seconde version de *La Nausée* (« Melancholia »)	**1933** Prise du pouvoir par Hitler. Malraux, *La Condition humaine*.
1934 Rédaction de *L'Imaginaire*. → **1936** Professeur au Havre.	
	1936 Triomphe du Front populaire en France. Guerre civile en Espagne. Procès de Moscou en URSS.
	1937 Malraux, *L'Espoir*.
1938 « Melancholia », refusée par la NRF en 1936 ; acceptée en 1937, devient *La Nausée*.	**1938** Cocteau, *La Voix humaine*. Accords de Munich.

VIE ET ŒUVRE DE JEAN-PAUL SARTRE	ÉVÉNEMENTS POLITIQUES, SOCIAUX ET CULTURELS
1939 Le Mur. Mobilisé le 2 septembre.	**1939** Déclaration de guerre à l'Allemagne.
1940 Prisonnier au camp de Trèves.	**1940** Paris occupé. Pétain au pouvoir.
1941 Libéré. Retour à Paris. Rencontre A. Giacometti.	
	1942 Camus, L'Étranger. Ponge, Le Parti pris des choses.
1943 Les Mouches. L'Être et le Néant. Rencontre Camus, Leiris.	
	1944 Débarquement allié en Normandie (6 juillet). Libération de Paris (25 août).
1945 Huis clos. L'Âge de raison. Le Sursis. Voyage aux USA. Les Chemins de la liberté (deux premiers volumes). Premier numéro des Temps modernes.	**1945** Bombe sur Hiroshima. Conférence de Yalta.
1946 L'existensialisme est un humanisme. Morts sans sépulture. La Putain respectueuse. Réflexions sur la question juive.	**1946** Démission de De Gaulle. Constitution de la IVe République. Début de la guerre d'Indochine. Prévert, Paroles.
1947 Situations I. Théâtre I. Baudelaire.	**1947** Vincent Auriol, président de la République. Départ des ministres communistes ; grèves. Boris Vian, L'Écume des Jours. Genet, Les Bonnes. Jean Vilar à Avignon.
1948 Les Mains sales. Situations II (Qu'est-ce que la littérature ?). Collabore au journal La Gauche.	**1948** Assassinat de Gandhi. Proclamation de l'État d'Israël.
1949 La Mort dans l'âme. Situations III.	**1949** Victoire communiste en Chine. Simone de Beauvoir, Le Deuxième sexe.
	1950 Guerre de Corée.
1951 Le Diable et le Bon Dieu.	

VIE ET ŒUVRE DE JEAN-PAUL SARTRE	ÉVÉNEMENTS POLITIQUES, SOCIAUX ET CULTURELS
1952 *Saint Genet, comédien et martyr.* Rupture avec Camus. **1956** Période dominée par la politique.	**1952** Révolution en Égypte. Mauriac reçoit le « Nobel ».
	1953 Mort de Staline. Eisenhower président des États-Unis. Déposition du sultan du Maroc.
1954 Adaptation théâtrale de *Kean*.	**1954** Chute de Diên Biên Phu. Début de la guerre d'Algérie. Françoise Sagan, *Bonjour tristesse*. Simone de Beauvoir, *Les Mandarins*.
	1955 Indépendance du Maroc.
1956 *Nekrassov*.	**1956** Révolte et répression à Budapest. Expédition de Suez. Rapport Khrouchtchev au XXe Congrès du PC soviétique. Camus, *La Chute*.
1957 *Question de méthode*.	
	1958 Insurrection d'Alger. Retour du général de Gaulle au pouvoir. Simone de Beauvoir, *Mémoires d'une jeune fille rangée*.
1959 *Les Séquestrés d'Altona*.	**1959** Castro prend le pouvoir à Cuba. Malraux ministre des Affaires culturelles.
1960 *Critique de la raison dialectique*.	**1960** Élection de Kennedy. Mort de Camus (4 janvier). Beauvoir, *La Force de l'âge*.
	1961 Putsch des généraux à Alger.
	1962 Indépendance de l'Algérie.
	1963 Assassinat de Kennedy. Rupture entre l'URSS et la Chine.
1964 *Situations IV, V, VI*. Refus du « Nobel ». *Les Mots*.	

VIE ET ŒUVRE DE JEAN-PAUL SARTRE	ÉVÉNEMENTS POLITIQUES, SOCIAUX ET CULTURELS
1965 *Situations VII*.	**1965** Affaire Ben Barka.
1966 Voyage en URSS, en Grèce et au Japon.	**1966** Mort de Giacometti. Révolution culturelle en Chine. Malraux, *Antimémoires*.
1967 Séjour en Égypte et en Israël.	**1967** L'armée prend le pouvoir en Grèce. Guerre des Six jours entre Israël et les pays arabes.
1968 Prise de position en faveur du mouvement étudiant.	**1968** Printemps de Prague et intervention des troupes du Pacte de Varsovie. Martin Luther King assassiné.
	1969 Démission de De Gaulle. Georges Pompidou président. L'homme marche sur la lune.
1970 *Les Écrits de Sartre*.	**1970** Mort de De Gaulle.
1971 Tomes I et II de *L'Idiot de la famille* (essai sur Flaubert).	
1972 *Situations VIII et IX*. Tome III de *L'Idiot de la famille*.	**1972** Réélection de Nixon aux États-Unis.
1973 *Un théâtre de situations*. Directeur du journal *Libération*.	**1973** Pinochet prend le pouvoir au Chili.
	1974 Mort de Georges Pompidou. Valéry Giscard d'Estaing président. Affaire Watergate aux États-unis.
	1975 Fin de la guerre du Vietnam.
	1976 Mort de Mao-Tsé-toung.
1976 *Situations X*.	
	1979 Révolution islamique en Iran.
1980 Mort de Sartre (15 avril).	**1980** Intervention de l'armée soviétique en Afghanistan.

L'œuvre de Sartre

LA DIVERSITÉ DE L'ŒUVRE

Dés ses premiers écrits, qu'il s'agisse de romans comme *La Nausée*, de nouvelles comme *Le Mur* ou d'essais philosophiques et littéraires, Sartre s'impose comme un grand écrivain, signe de la longue maturation souterraine d'un style, ainsi que d'un univers personnel très cohérent.

Néanmoins, l'œuvre de Sartre reste difficile à cerner dans sa totalité car elle se présente comme un ensemble en expansion : nombreux, par exemple, sont les ouvrages non terminés ou interminables comme l'essai sur Flaubert, ou les livres qui annoncent d'autres livres comme *L'Être et le Néant* que doit continuer un livre sur la morale, seulement esquissé dans *Cahiers pour une morale*. Enfin, les écrits de nature politique sont loin d'être à négliger, parfois écrits de circonstance mais parfois aussi œuvre approfondie comme *Critique de la raison dialectique*, livre où le concept de rareté expliquera l'apparition du travail en tant que *praxis* ainsi que la lutte des classes et la violence qui s'installe dès lors qu'au départ de toute situation règne le manque.

LE RÔLE FONDAMENTAL DE LA LIBERTÉ

C'est sans doute à travers le principe de liberté, qui est au cœur de la philosophie existentielle de Sartre, que l'on peut espérer approcher de la façon la moins réductrice ses écrits littéraires.

Dans l'œuvre philosophique de Sartre, la conscience est le phénomène crucial qui définit l'homme comme un être pour-soi, c'est-à-dire un être purement subjectif et jamais achevé, au contraire de l'en-soi qui est le statut des objets, du monde, de la non-conscience. La conscience, toujours dynamique, se constitue par un mouvement de négation (de néantisation), car elle n'est pas un état mais une visée ; elle n'est pas par elle-même mais elle est la visée de tel objet, d'une image, d'une idée : elle est intentionnelle, toujours conscience de quelque chose. Elle s'édifie donc à partir d'un manque, d'une absence, faille ou décompression de l'être, et elle n'existe qu'en niant les objets du monde, c'est-à-dire en niant la plénitude obscure et inaccessible du monde de l'en-soi. C'est par ce mouvement négateur qu'elle s'éprouve en tant que liberté, possibilité de se déprendre, de décrocher de l'ici et du maintenant pour se donner comme visée ou projet.

L'UNITÉ DE L'ŒUVRE

C'est ainsi que dans *La Nausée* on voit à l'œuvre une conscience qui en vient à se libérer peu à peu de toutes les illusions et mystifications et à entrer en contact direct avec le réel et le monde de l'être. Du point de vue littéraire, il y a rupture avec le roman antérieur : *La Nausée* se présente comme une dénonciation de l'illusion de la conscience comme cohérence du sujet (Proust), elle dénonce la notion de savoir à travers le personnage de l'autodidacte, elle s'éloigne de l'aventure telle que la concevait un Malraux...

Les nouvelles du recueil *Le Mur* s'inscrivent dans le même mouvement de dénonciation à travers les thèmes de la folie, de l'éducation sentimentale, de la sexualité, de l'angoisse de la mort...

C'est en 1943 que Sartre, avec sa pièce *Les Mouches*, commence sa production dramatique placée sous le signe de la conscience de la liberté. Il trouve d'emblée une stature de dramaturge, et poursuit avec *Huis clos* (1945), *Morts sans sépulture* (1946), *Le Diable et le Bon Dieu* (1951) et surtout *Les Séquestrés d'Altona* (1959). Cette dernière pièce, qui est une sorte de *Huis clos* élargi, montre que pour Sartre, « être libre c'est se refaire et se recréer sans cesse, c'est décider de son existence, c'est de ne pas être voué » (Jean Lacroix). En effet, être voué c'est vivre non par soi mais par les autres comme vit Franz à travers les passions de son père, c'est refuser sa propre liberté.

De même dans *Les Mots* (1964), l'autobiographie de Sartre, on peut lire que le petit Jean-Paul était voué à être un clerc, un intellectuel tout comme son grand-père. Or Sartre s'est efforcé d'échapper à cette vocation d'écrivain bourgeois en transformant la portée et le sens de la littérature « afin de la mettre au service des hommes » (Jean Lacroix), de transformer l'essence de la pensée abstraite afin qu'elle s'inscrive dans l'Histoire.

LES MÉTAMORPHOSES DE L'AUTOBIOGRAPHIE

L'écriture autobiographique dans l'œuvre de Sartre n'a cessé de prendre de l'importance au cours des années et elle est loin de se réduire à l'œuvre intitulée *Les Mots*, qui reste toutefois la seule autobiographie déclarée, parue en 1964. Dix ans auparavant, Sartre avait conçu une première ébauche des *Mots*, intitulée *Jean sans terre*. Par ailleurs, comme dans *Les Mots* le récit autobiographique s'arrêtait à la onzième année de son existence, Sartre pensait pouvoir écrire une suite qui n'est jamais venue en tant que telle, mais qui se rencontre de manière discontinue dans un nombre assez importants de textes ou de lettres (*Lettres au Castor et à quelques autres*, 1983), d'enregistrements, d'interviews ou de films (*Sartre par lui-même*, 1976). Philippe Lejeune dresse un relevé de ces fragments autobiographiques épars, dans un chapitre de son ouvrage *Je est un autre* (Seuil, pp. 161-163), consacré à « Sartre et l'autobiographie parlée », ainsi que dans un autre ouvrage intitulé *Moi Je* (Seuil, pp. 120-121) consacré aux « enfances de Sartre ». Bon nombre des interventions de Sartre sur sa vie se retrouvent dans *Situations X* ; d'autres textes, consacrés à Paul Nizan ou Merleau-Ponty (in *Situations IV*, Gallimard) offrent aussi de nombreux traits qui se rapportent à Sartre lui-même. Enfin ont été publiés en 1993, sous le titre *Carnets de la drôle de guerre* (Gallimard), cinq carnets retrouvés (sur quinze) que Sartre a tenus entre septembre 1939 et avril 1940. D'autres éléments de type biographique peuvent être retrouvés ou publiés dans l'avenir.

Comment expliquer, à propos de Sartre, la permanence et l'extension d'un tel « chantier autobiographique » ? Plusieurs raisons peuvent être avancées. D'abord le genre même de l'autobiographie suppose un projet d'écriture qui, se présentant comme totalisant, ne s'arrête, en bonne logique, qu'avec la mort même de l'auteur. Par ailleurs l'autobiographie touche de si près celui qui écrit et parle, qu'aux censures conscientes s'ajoutent les censures inconscientes. Or, pour un esprit comme celui de Sartre, attaché à la mise au jour des rapports complexes qui lient l'individu au monde et aux autres, il fallait à chaque fois repositionner les silences, les découvertes, la démarche intellectuelle, les engagements politiques. Il fallait tout aussi bien jouer de tous les styles pour varier les angles d'attaque dans le projet de se dire, car l'essentiel est d'approcher la vérité qui nous fonde mais qui ne se donne pas : la coulée non relue des *Carnets*, en prise sur le présent, implique une autre esthétique que le style travaillé et satirique des *Mots*.

On peut imaginer en outre que Sartre, devenant l'un des écrivains majeurs du vingtième siècle et une conscience de son époque, ait eu l'idée de saisir à travers lui-même l'essence du rapport qui s'installe entre l'écrivain et le monde, tentative qu'il a menée, sur le mode de la distance biographique, à propos du cas Flaubert (*L'Idiot de la famille*, NRF, Gallimard).

Enfin, l'extension du rôle des médias (dialogues et interviews enregistrés, films), la pression passionnée des proches et des admirateurs ont fait de Sartre un objet autobiographique. Si la valeur de ces documents autobiographiques est parfois inégale, il faut souligner que la responsabilité en revient finalement à ceux qui ont placé Sartre dans cette situation d'autobiographie orale. Car, pour lui, il est clair qu'il n'y avait de responsabilité autobiographique qu'à travers la médiation d'un style susceptible d'engendrer l'ambiguïté poétique (« donner à chaque phrase des sens multiples et superposés », *Situations X*, *op. cit.*, pp. 137-138) au sein d'une forme littéraire originale considérée comme totalité.

… ire des *Mots*

Dans cette autobiographie, Jean-Paul Sartre évoque ses souvenirs d'enfance jusqu'à l'âge de onze ans ; seules quelques pages, en fin d'ouvrage, sont consacrées à l'époque où, devenu écrivain, il publie *La Nausée*.

Dans la première partie de l'œuvre, intitulée « **Lire** », ce sont d'abord les deux familles, maternelle et paternelle, dont Jean-Paul est issu, qui sont passées en revue. L'événement essentiel de ces premières années est la mort du père de l'enfant ; avec sa mère, il va alors vivre chez ses grands-parents maternels : Charles et Louise Schweitzer.

Immédiatement, le grand-père s'impose comme un personnage essentiel, qui aura une influence considérable sur la formation du jeune Jean-Paul. Charles Schweitzer, d'origine alsacienne, est professeur d'allemand. C'est un homme très théâtral, et souvent despotique, mais il cultive l'art d'être grand-père et se prend d'affection pour son petit-fils. De son côté, Jean-Paul est un enfant calme et sage pour qui le monde est bien ordonné. Une chose trouble pourtant cet ordre : les Prussiens qui se sont emparés de l'Alsace-Lorraine.

Dans ce milieu d'intellectuels petits-bourgeois, l'enfant va accéder très tôt au monde des livres et de la culture. Il fréquente la bibliothèque de son grand-père, découvre les dictionnaires encyclopédiques où, pour lui, les fleurs et les animaux sont plus vrais que dans la réalité ; il lit Corneille et Flaubert qu'il traite comme des familiers. Toutefois, Anne-Marie va s'arranger pour que Jean-Paul fasse aussi des lectures de son âge et elle lui achète *Cri-Cri*, la collection Hetzel, Jules Verne, Paul d'Ivoi… Ses premiers pas à l'école sont cependant désastreux et l'on choisit de lui donner des cours particuliers. L'important est que, à cette époque, l'enfant ne se sent exister que par rapport aux adultes : il les singe, joue la comédie, se déclare un « faux enfant » qui « n'a pas d'âme », et voudrait trouver un moyen pour justifier son existence.

À cinq ans, Jean-Paul nous raconte qu'il rencontra la mort ; elle prenait divers visages. Comme il se sentait inutile, la mort l'attirait : « ce fut une authentique névrose ». La croyance en Dieu aurait pu l'aider dans cette période difficile, mais diverses raisons, notamment la perte de la vraie foi au sein de la famille, ont empêché l'enfant d'avoir recours à la religion même si, extérieurement, il veut bien s'agenouiller et faire ses prières.

Par ailleurs, l'enfant prend obscurément conscience de sa laideur physique et lorsqu'il lui arrive d'avoir honte de lui en face des adultes, il se précipite devant le miroir pour faire des grimaces et se prendre lui-même en pitié. Il essaie cependant de compenser sa situation et de prouver la nécessité de son existence par le biais de l'imaginaire. Il se raconte ainsi des histoires qui pastichent ses lectures : il est alors le héros qui trouve sa raison d'être « dans un désordre perpétué » qui règne dans le monde. Le narrateur explique aussi que la « déculottée de 1870 », à son époque, faisait de tous les enfants des vengeurs animés d'un esprit de revanche.

Le cinéma muet procure à l'enfant d'autres scénarios qu'il se plaît à dramatiser au son des pièces de musique que jouait sa mère au piano. Sa préoccupation reste toutefois de se découvrir un destin et à ce moment, vers 1912 ou 1913, il lit *Michel Strogoff* qui le marque profondément. Mais lorsque Jean-Paul se retrouve devant d'autres enfants au jardin du Luxembourg, il souffre de s'apercevoir qu'il ne les intéresse pas et qu'il est loin d'être le héros qu'il s'imaginait être.

Dans la seconde partie, intitulée « **Écrire** », on voit que le grand-père sollicite l'envie d'écrire chez Jean-Paul. Mais ces moments d'écriture se présentent très vite comme une « imposture » et, en particulier, l'enfant n'a de cesse d'avoir recours au plagiat. Jean-Paul est aussi tenté par le fantastique et c'est le moment où une amie de la famille, Mme Picard, personnage au demeurant passablement ridicule, prédit que l'enfant écrira. Mais le grand-père craint que cette prédiction ne se réalise et préfère voir son petit-fils accéder à une carrière de professeur plutôt que de le savoir, comme Verlaine, poète bohème errant dans les rues. En réalité, Charles fait valoir qu'un professeur peut toujours se mêler d'écrire, et être un écrivain mineur, mais la réaction de Jean-Paul est loin d'être celle escomptée par le grand-père : « Bref, il me jeta dans la littérature par le soin qu'il mit à m'en détourner » .

Dès lors, l'enfant cherche à nouveau une justification qui puisse légitimer sa mission d'écrire et il confond l'écrivain avec le héros ou le chevalier du Moyen Âge ; sa plume doit devenir une épée. Puis il considérera que l'écrivain doit être, à l'instar du clerc médiéval, celui qui maintient dans le monde du mal la lueur de la culture, seul exercice capable de racheter tous les autres humains. Enfin, il se rend compte que son désir d'écrire se confond avec son refus de vivre et son aspiration à la mort : « Oui, plus que l'épopée, plus que le martyre, c'était la mort que je cherchais ». Et par là il désire se métamorphoser en livres, en une œuvre, pour que la mort elle-même se métamorphose en gloire.

Le narrateur constate alors que c'est son rapport au temps qui était problématique et que pour lui l'avenir comptait bien plus que le présent ; il croyait au destin de l'homme de lettres et il vivait sa vie « en commençant par la fin ». Par ailleurs, deux événements sont plus particulièrement évoqués à la fin de cette autobiographie : d'abord la déclaration de guerre (août 14) qui eut diverses incidences sur la vie de l'enfant puis sa rentrée au « petit lycée Henri-IV » qui l'éloigne quelque peu de sa famille et le rapproche de certains camarades (Nizan...). Enfin, les réflexions du narrateur portent sur l'idéologie qui l'a conduit à devenir l'écrivain qu'il a été jusqu'à *La Nausée* et il annonce une suite aux *Mots* pour rendre compte de sa formation après l'enfance. Ce faisant, il souligne combien il a changé par rapport à cette époque où il considérait la littérature comme un absolu.

Les personnages

Jean-Paul Sartre (Poulou) : c'est à la fois le personnage, le narrateur et l'auteur de l'autobiographie. La première personne du singulier utilisée renvoie habilement en même temps à l'enfant qu'il était et au narrateur adulte qu'il est lorsqu'il écrit. La forte présence de Poulou ainsi que la connivence avec le lecteur sont fondées sur la très fine utilisation du Je. *Les Mots* rendent compte des souvenirs d'enfance de Sartre jusqu'à onze ans (automne 1916) ; c'est donc l'enfance de l'écrivain qui est surtout mise en scène pour expliquer la constitution de sa névrose, laquelle consistait à voir dans la littérature un absolu. Ce n'est qu'après le succès de *La Nausée* que Sartre a pu se sortir de cette « folie ».

Anne-Marie : il s'agit de la mère de Jean-Paul. Devenue veuve très tôt, elle est recueillie avec son fils par ses propres parents. Elle entretient avec Jean-Paul d'étroites relations, lui fait la lecture et lui fait découvrir les romans illustrés. Ils formeront un couple solidaire jusqu'à la fin de l'autobiographie, mais le remariage de la mère qui est juste évoqué dans *Les Mots* sera le point de départ d'une nouvelle époque.

Jean-Baptiste Sartre : père de Jean-Paul, il meurt très jeune tandis que son fils est en bas âge. L'enfant n'aura aucun intérêt pour ce père dont on ne parlait jamais en famille. Il y avait de lui un portrait au-dessus de son lit mais « lorsque [s]a mère s'est remariée, le portrait a disparu ». Pour Jean-Paul, l'absence du père lui a permis de jouir d'une grande liberté car le « lien de paternité est pourri ».

Charles Schweitzer (dit aussi Karl) : grand-père de Jean-Paul (côté maternel), il est d'origine alsacienne et protestant. Professeur d'allemand et auteur d'un ouvrage pédagogique, il est le directeur de l'Institut des langues vivantes : c'est un représentant de la culture et des valeurs bourgeoises. Personnage haut en couleurs, qui ressemble à Victor Hugo, il donne à son petit-fils le goût de la grande culture et sera à l'origine de la constitution de la névrose de Jean-Paul. C'est un personnage traité le plus souvent dans une optique burlesque par le narrateur.

Louise : épouse de Charles Schweitzer, elle est issue d'un milieu catholique. Pour le petit Jean-Paul, Karl et Louise forment un couple qu'il appelle « Karlémami ». Elle est présentée comme l'antithèse constante de son mari.

M. Simonnot : collaborateur du grand-père Charles à l'Institut des langues vivantes. Personnage dont le sérieux excessif est tourné en dérision par le narrateur.

Mme Picard : amie de la famille. Elle prédit que le petit Jean-Paul deviendra écrivain.

Nizan : ce personnage fait son entrée à la fin du texte, mais il s'agit d'une entrée remarquée. Il ressemble à un jeune camarade de Jean-Paul qui vient de mourir et il apparaît donc dans la salle de classe comme un revenant. Il est apparu auparavant dans l'œuvre lorsque le narrateur évoque l'époque de l'École normale, et cette apparition avait déjà eu lieu dans un contexte lié à la mort.

Résumés et commentaires

Toutes les références de pages renvoient à l'édition « Folio », Gallimard, n° 607.

PREMIÈRE PARTIE : LIRE

Pages 11 à 18

RÉSUMÉ

L'auteur-narrateur entame son autobiographie par une présentation des deux familles dont il est issu. C'est d'abord sa famille maternelle, originaire de l'Alsace, qui est passée en revue. On y découvre vers 1850 un arrière-grand-père instituteur qui, « accablé d'enfants, consentit à se faire épicier ». Puis sont évoquées les frasques du grand-père Charles Schweitzer, professeur d'allemand ; l'évocation du mariage de Charles avec Louise Guillemin est surtout l'occasion de souligner leur mésentente conjugale. Le couple eut cependant trois enfants dont Anne-Marie, la fille cadette, qui sera la mère de Jean-Paul Sartre.

La famille paternelle est d'origine périgourdine. Le docteur Sartre qui s'est marié avec la fille d'un riche propriétaire s'aperçoit après coup que son beau père est désargenté : il en gardera un ressentiment tel qu'il n'adressera plus la parole à sa femme durant quarante ans ; elle lui donnera toutefois trois enfants dont l'aîné, Jean-Baptiste, sera le père de notre auteur.

Anne-Marie et Jean-Baptiste, alors officier de marine, se rencontrent à Cherbourg en 1904. Mais, après leur mariage et la naissance de Jean-Paul, Jean-Baptiste se trouvant « déjà rongé par les fièvres de Cochinchine », meurt. En compagnie de son enfant la jeune veuve retourne alors vivre chez ses parents où elle doit subir leur blâme feutré et leurs exigences.

COMMENTAIRE

Une peinture satirique de la famille bourgeoise

Le narrateur oriente la représentation de la famille bourgeoise dans une perspective **satirique** ; c'est avant tout la **totale mésentente des couples** qui est mise en relief.

Cette mésentente s'opère dès les premiers jours du mariage de Charles et de Louise, comme si c'était l'institution plus que les individus qui était responsable de l'échec : « Elle ne tarda pas à se faire délivrer des certificats de complaisance qui la dispensèrent du commerce conjugal et lui donnèrent le droit de faire chambre à part ; elle parlait de ses migraines, prit l'habitude de s'aliter, se mit à détester le bruit, la passion, les enthousiasmes, toute la grosse vie fruste et théâtrale des Schweitzer » (p. 12). On voit ici que Louise doit avoir recours à des certificats médicaux pour neutraliser ses devoirs d'épouse et officialiser une **séparation au sein même du mariage** ; dans la seconde partie de la phrase, le jeu des aspects verbaux (itératif : elle « parlait » ; inchoatif : « prit l'habitude »...) traduit la stratégie de Louise pour afficher ses altérations de santé. Enfin, le mariage, censé unir les deux familles, implique, en pratique, des **antagonismes** suscités par l'esprit des familles (« la grosse vie [...] des Schweitzer »).

Du côté paternel, on remarquera que les rapports conjugaux sont, eux aussi, déterminés par la situation des familles : c'est après son mariage que le docteur Sartre découvre que son beau-père, riche propriétaire, « n'avait pas le sou » ; il éprouve alors un tel dépit qu'il « resta quarante ans sans adresser la parole à sa femme » (p. 15). Ce mutisme, pathologique à force d'obstination, devient alors un **emblème ironique** du mariage comme figure de l'incommunicabilité.

Les oppositions peuvent évidemment s'exacerber du fait des individus eux-mêmes et de leur tempérament. Dans le cas de Charles et de Louise, le narrateur se plaît à jouer sur des **oppositions symétriques** qui aboutissent à une **harmonie**

des contraires : « Cette femme [...] pensait droit et mal parce que son mari pensait bien et de travers ; parce qu'il était menteur et crédule, elle doutait de tout » (p. 13). La phrase présente une double série de chiasmes (Cette femme... son mari... // il... elle... ; droit... mal... // bien... de travers...) qui renforce l'union des contraires. Le système de l'opposition, brillamment manipulé, relève parfois du **paradoxe*** : « Cette réaliste si fine, égarée dans une famille de spiritualistes grossiers se fit voltairienne par défi sans avoir lu Voltaire » (*ibid.*). On voit comment ici les catégories convenues (finesse spirituelle et réalisme grossier) se trouvent redistribuées et renversées au profit du **réalisme raffiné** et inédit de la grand-mère. Finalement, en se consolant « avec de fortes idéalistes, moustachues et colorées, qui se portaient bien » (p. 15), le grand-père adultère choisira des femmes qui se présentent comme autant d'**antithèses de sa femme**.

La satire porte aussi sur la finalité du mariage. Faire des enfants apparaît à chaque fois comme un **acte problématique** : Charles fit à Louise « quatre enfants par surprise » (p. 14) ; le docteur Sartre partageait le lit de sa femme « et, de temps à autre, sans un mot, l'engrossait [...] ; ces enfants du silence s'appelèrent Jean-Baptiste, Joseph et Hélène » (p. 15) ; enfin, Jean-Baptiste épousa Anne-Marie, « lui fit un enfant au galop, moi, et tenta de se réfugier dans la mort » (p. 16). À chaque fois, au sein du mariage, l'acte de chair apparaît furtif, irresponsable, dénué de toute affection et de tout sentiment. De son côté, Louise avait l'habitude de raconter des « histoires de nuits de noces » qui trahissent, derrière le burlesque* des situations, une répugnance quasi phobique pour l'acte sexuel considéré comme une agression : « tantôt le mari, dans sa hâte brutale, rompait le cou de sa femme contre le bois du lit et tantôt, c'était la jeune épousée qu'on retrouvait, au matin, réfugiée sur l'armoire, nue et folle » (p. 13).

On voit, en outre, que le statut de la femme, chez « ces bourgeois modestes et fiers » (p. 15), est marqué par la **passivité** et par une **éducation débilitante** : « Anne-Marie, la fille cadette, passa son enfance sur une chaise. On lui apprit à s'ennuyer, à se tenir droite, à coudre. Elle avait des dons : on crut distingué de les laisser en friche ; de l'éclat : on prit soin de le lui cacher » (*ibid.*). Remarquons ici le rôle du pronom indéfini sujet « on » qui représente une **mentalité** plus que des individus, mais son rôle n'en est pas moins critiquable. L'ironie a recours à divers procédés comme l'**énumération discordante** proche du zeugme* (s'ennuyer, se tenir droite, coudre) et la **mise en relief d'une idéologie qui vise l'étiolement du sujet** (« on crut distingué », « on prit soin ») au lieu d'épanouir ses qualités naturelles (« dons », « éclat »). Louise, la mère d'Anne-Marie, visera, elle aussi, à l'**effacement de soi** : « d'un haussement de sourcils, d'un imperceptible sourire, elle réduisait en poudre toutes les grandes attitudes, pour elle-même et sans que personne s'en aperçût » (p. 13).

Dans ce milieu petit-bourgeois, c'est donc l'homme qui porte seul la responsabilité de la famille, du fait de sa position sociale ; c'est le métier qui définit son statut. L'accès aux métiers solides se prépare dans les grandes écoles : « L'aîné, Georges, entra à Polytechnique » (p. 14) ; « Jean-Baptiste voulut préparer Navale, pour voir la mer » (p. 16) ; quant à Charles, il choisit d'enseigner l'allemand et fit « une rapide carrière : Mâcon, Lyon, Paris » (p. 12). L'ascension de la famille dans l'échelle sociale s'opère par l'instruction et le savoir, même si, au départ, l'arrière-grand-père maternel, face aux conditions matérielles, fut obligé de se faire violence et d'opter pour le commerce : « En Alsace, aux environs de 1850, un instituteur accablé d'enfants consentit à se faire épicier » (p. 11). Le terme péjoratif d'« épicier », le verbe « consentir » (qui suppose de déchirantes hésitations), indiquent que la décision fut difficile à prendre, comme si, ici, l'ascension sociale allait de pair, curieusement, avec un **sentiment de déchéance morale**.

La dénonciation du lien de paternité

Dès les premières lignes des *Mots*, le narrateur s'attache à dénoncer la **loi toute-puissante du père dans la famille**. Par le recours au **style indirect libre**, il souligne la décision dictatoriale de son arrière-grand-père qui, frustré de n'avoir pu instruire les autres en tant qu'instituteur, désirait avoir un fils pasteur : « puisqu'il renonçait à former les esprits, un de ses fils formerait les âmes ; il y aurait un pasteur dans la famille, ce serait Charles » (p. 11). Le **caractère injonctif de la décision** est marqué par le choix de la conjonction « puisque » (préférée à « parce que ») qui souligne une cause

Il est donc p[...]eux **voix narratives*** : celle du nar[...] **de l'énonciation** ; et celle du per[...] **Je de l'énoncé**. Il est clair, par ex[...] dans : « Il m'intrigue : je sais qu'il [...] 14), n'est autre que le narrateur adulte et qu'il se trouve positionné par le présent de la narration. Mais la distinction de ces voix narratives est souvent bien délicate. Une voix peut même servir de relais à l'autre : « je plongeais dans un monde confus, peuplé d'hallucinations simples et de frustes idoles » (p. 17) ; le Je de l'énonciation, celui du narrateur adulte donc, tente ici d'évoquer l'expérience obscure d'un nourrisson de quelques mois.

On aura enfin remarqué que l'autobiographie de Sartre ne s'intitule pas *Les Mots* gratuitement. D'une part, le titre souligne la matière même à travers laquelle la voix de l'auteur s'adresse à son lecteur. C'est en effet avec les mots que s'inscrit le contrat avec le lecteur qui fait de l'autobiographie une œuvre d'art (avant même d'en faire une œuvre historiquement biographique) : le titre proclame ainsi la **primauté de la vérité textuelle et littéraire**. D'autre part, on remarquera que la plupart des personnages se définissent par rapport aux mots, et entretiennent avec eux une relation problématique : « Louise aimait les mots couverts » (p. 13) ; le docteur Sartre vivait dans le mutisme (p. 15) ; un de ses fils, Joseph, « devint bègue et passa sa vie à se battre contre les mots » (p. 16) ; d'autres, pasteurs (Louis, Albert) ou professeurs (Charles), ceux qui sont « voués », utilisent les mots à des fins utilitaires. Il revenait à Jean-Paul de se dire avec les mots, de se saisir rétrospectivement dans la période même où il acquit la langue maternelle.

Pages 18 à 35

RÉSUMÉ

Le narrateur évoque son enfance sans père, et le bénéfice qu'il a retiré de cette situation, car l'image habituellement autoritaire du père n'a pas jouée sur sa formation : « je ne suis pas rongé par le chancre du pouvoir : on ne m'a pas appris l'obéissance ». Quant à Anne-Marie, elle apparaît aux yeux de Jean-Paul sous les traits d'une « sœur aînée ».

En fait, l'enfance de Jean-Paul va être dominée par son grand-père Charles, dont la stature, la physionomie et l'ascendant le font ressembler à Dieu le père ou à Victor Hugo. L'affection qu'il porte à son petit-fils demeure toutefois ambiguë : « il adorait en moi sa générosité ». Personnage théâtral, Charles cultive chez Jean-Paul le goût des situations et des attitudes propres à la comédie, sans le placer devant la réalité.

Cette vision de l'histoire familiale permet surtout au narrateur de souligner la liberté dont il a joui dans les premières années de son enfance : « jamais le caprice d'un autre ne s'était prétendu ma loi ». Mais il met en évidence aussi le rôle de l'enfant sage qu'il se plaît à jouer et rappelle, non sans ironie, cette idolâtrie que lui vouent les adultes. L'amour familial, dont il est le dépositaire, lui fait concevoir la famille (et plus largement la société) comme un vrai paradis.

Mais, pour le petit Jean-Paul issu d'une famille alsacienne, les méchants existent : ce sont « les Prussiens, qui nous ont pris l'Alsace-Lorraine ». L'Institut de langues vivantes, que Charles a fondé, ne vit pourtant que des étrangers de passage, des élèves allemands surtout, et, selon les termes de Louise : « c'est l'ennemi qui nous entretient ». La famille se contentera de se venger de l'ennemi par le ridicule, et Jean-Paul sait lui aussi se montrer indulgent envers ces ennemis.

Au fond l'enfant ne s'oppose à rien, mais en même temps il reconnaît n'aimer rien ni personne. L'essentiel est pour lui de recevoir une identité à travers le regard des autres. Comme ses proches écoutent l'*Art de la fugue* avec le même contentement que son babillage, il se considère finalement comme « un bien culturel ».

COMMENTAIRE

Un enfant orphelin

Le narrateur évoque tout d'abord les **conséquences de la mort de son père** sur sa formation et insiste sur la manière dont s'est opéré l'effacement de l'image paternelle ; l'ensemble du passage s'appuie de façon ironique sur d'incessants renversements de valeur.

Alors que le statut d'orphelin est habituellement senti comme négatif, tout porte à croire qu'il est, ici, le fondement d'un **statut enviable** : « Moi, j'étais ravi : ma triste condition imposait le respect, fondait mon importance ; je comptais mon deuil au nombre de mes vertus » (p. 19). L'absence de père confère au fils un **surcroît de reconnaissance et d'existence** aux yeux des autres.

Ce renversement de perspective procède d'un principe exprimé au présent gnomique*, et cette généralisation ressortit au paradoxe et au discours polémique* : « Il n'y a pas de bon père, c'est la règle ; qu'on n'en tienne pas grief aux hommes mais au lien de paternité qui est pourri. Faire des enfants, rien de mieux ; en *avoir*, quelle iniquité ! » (p. 18). Dans cette perspective généralisante l'évocation du père est, pour le narrateur, inséparable d'une **aliénation** qui s'exprime à travers les **images de la pesanteur**, et du poids insoutenable de l'être qui engendre : « Eût-il vécu, mon père se fût couché sur moi de tout son long et m'eût écrasé [...] ; au milieu des Énées qui portent sur leur dos leurs Anchises, je passe d'une rive à l'autre, seul et détestant ces géniteurs invisibles à cheval sur leur fils » (p. 18). Inversement, Jean-Paul se perçoit à travers les images opposées : « De là, sans aucun doute mon incroyable légèreté » (p. 20). De là aussi peut-être son accoutrement en être céleste lors de la fête de l'Institut : « en robe de mousseline bleue, avec des étoiles dans les cheveux, des ailes, je vais de l'un à l'autre, offrant des mandarines dans une corbeille, on se récrie : "C'est réellement un ange !" » (p. 34).

L'**effacement de l'image paternelle** a été en outre complète et s'est opérée du fait de l'entourage. Il n'y avait pas de mots, pas d'histoires ou de souvenirs racontés qui puissent signifier à l'enfant qu'il avait eu un père : « Mais de cet homme-là, personne, dans ma famille, n'a su me rendre curieux » (p. 19). L'enfant n'éprouve pas, non plus, le poids de cette mort car les vivants sont unanimes à condamner le père disparu : « ma grand-mère répétait qu'il s'était dérobé à ses devoirs ; mon grand-père [...] n'admettait pas qu'on disparût à trente ans » (p. 19). Les traces involontaires de Jean-Baptiste se referment sur elles-mêmes comme un **en-soi* impénétrable** ; son portrait est décrit objectivement, comme celui d'un anonyme, sans aucune expression : « le portrait d'un petit officier aux yeux candides, au crâne rond et dégarni, avec de fortes moustaches » (*ibid.*). Ses quelques livres, déclarés inintéressants par le narrateur, comportent des annotations mais celles-ci se refusent à la lecture et se présentent comme les cendres d'une pensée : « j'ai découvert des griffonnages indéchiffrables, signes morts d'une petite illumination qui fut vivante et dansante aux environs de ma naissance » (pp. 19-20).

Cette absence totale de l'instance paternelle s'exprime à travers le langage technique et apparemment objectif de la science psychanalytique : « Je n'ai pas de Sur-moi* » (p. 19) – remarque qui a peut-être aussi l'avantage de mettre l'auteur à l'abri des interprétations psychanalytiques, puisque, de la sorte, il ne rentre plus vraiment dans les cadres de cette science. En tous les cas, cette absence totale de l'instance paternelle lui donne une liberté dans l'évocation du père qui joue avec la **permutation temporelle** : « [*mon père*] est mort en bas âge » (p. 18), expression qui relève de l'hypallage* dans la mesure où c'est l'enfant qui est en bas âge lorsque meurt son père. Cette liberté d'évocation se rencontre aussi dans le parfait **renversement temporel**, combiné à la permutation, lorsque le narrateur, parlant toujours de son père, déclare : « J'ai laissé derrière moi un jeune mort qui n'eut pas le temps d'être mon père et qui pourrait être, aujourd'hui, mon fils » (pp. 18-19).

Enfin, on peut dire, au sens fort, que l'enfant est orphelin dans la mesure où il ne perçoit pas Anne-Marie comme sa mère mais comme une sœur : « De moi-même, je la prendrai plutôt pour une sœur aînée » (p. 20). Plusieurs éléments montrent en effet l'**inconstance de la figure maternelle**. À côté de la chambre des grands-parents il y a celle des enfants : « Les "enfants", c'est nous [*la mère et son fils*] pareillement mineurs et pareillement entretenus » (*ibid.*). À travers le terme « enfants » (issu du discours des grands-parents), la phrase attributive à visée définitoire et la symétrie des caractérisants, est soulignée la **subversion de la hiérarchie familiale** : la mère n'est rien de plus qu'« une jeune fille » et Jean-Paul possède même, par rapport à elle, le rôle d'un fiancé – ce qui lui donne une prééminence virtuelle (« tous les égards sont pour moi », p. 20) en attendant que la sujétion devienne réelle (« plus tard je l'épouserai pour la protéger », p. 21).

On comprend, dans ces conditions, que le rapport d'autorité, qui fonde habituellement la relation entre parent et enfant, soit particulièrement subverti : pour obtenir de son enfant ce qu'elle veut, la mère lui donne le sentiment qu'il agit de son propre chef. Elle **renverse un principe de causalité** en substituant, à la fermeté de l'ordre, l'éloge complaisant : « elle esquisse en mots légers un avenir qu'elle me loue de bien vouloir réaliser » (p. 21).

Le portrait du grand-père

Le portrait du grand-père, sans aller jusqu'à la caricature, se présente comme une **charge*** dans la mesure où les caractéristiques de Charles Schweitzer sont exagérées et tendent vers la satire ; la charge permet toutefois des nuances que la caricature gomme sous la force expressive du grotesque et du bouffon.

L'intention satirique apparaît tout d'abord dans le choix du modèle auquel est référé le grand-père, car il s'agit d'un **modèle unique et absolu** : le grand-père apparaît en effet sous les traits de Dieu le Père. Le texte va exploiter de nombreuses images du **registre religieux** et filer la métaphore : « Restait le patriarche : il ressemblait tant à Dieu le Père qu'on le prenait souvent pour lui » (p. 21). Sa silhouette de « grand vieillard barbu » (*ibid.*) le prédisposait à ce rôle et il n'hésite pas à en jouer : « il prit goût aux apparitions » (*ibid.*). Il possède le statut du Dieu de colère dans l'Ancien Testament : « Du temps que sa barbe était noire, il avait été Jéhovah et je soupçonne qu'Émile est mort de lui, indirectement. Ce Dieu de colère se gorgeait du sang de ses fils » (*ibid.*) ; mais pour le petit-fils, il est aussi le Dieu d'amour de l'Évangile : « Il fut le Dieu d'amour avec la barbe du Père et le Sacré-Cœur du Fils » (*ibid.*). La représentation antithétique du grand-père concilie de façon ironique le courroux et l'amour ; mais ce qui est permis à un Dieu, retranché derrière son mystère, est évidemment beaucoup plus difficile à accepter quand il s'agit d'un simple être humain. Dès lors un certain nombre de remarques préparent le **renversement de cette image divine** : à propos de « sa barbe solaire », le narrateur observe que Charles « porte son auréole autour du menton » (p. 23). Par ailleurs, s'il est vrai que l'un des commandements prescrit de n'adorer que Dieu seul, le narrateur déclare à propos de son grand-père : « Il m'adorait, c'était manifeste. M'aimait-il ? » (p. 22), phrase qui souligne à travers l'emploi d'un verbe du haut degré (adorer), un sentiment suspect ; ce qui est d'ailleurs appuyé par l'interrogation qui suit (avec un jeu sémantique sur les deux verbes « adorer »/ « aimer »). En fait, dans cet amour pour l'enfant, il est difficile de discerner la sincérité de l'artifice : le grand-père adorerait son petit-fils dans la mesure où ce dernier n'est qu'un prétexte qui lui permet de déployer ses sentiments et sa tendresse pour les afficher publiquement : « il adorait en moi sa générosité » (p. 22). Il y a là, au fond, un égoïsme qui se dissimule et une duplicité* qui tend à **neutraliser l'image excessivement positive du grand-père** : « il m'appelait son tout-petit d'une voix qui chevrotait de tendresse, ses larmes embuaient ses yeux froids » (*ibid.*).

Charles Schweitzer est aussi perçu à travers la médiation d'une autre figure : « c'était un homme du XIXe siècle qui se prenait, comme tant d'autres, comme Victor Hugo lui-même, pour Victor Hugo » (p. 22). Il cultive « l'art d'être grand-père » (*ibid.*) et se présente comme une **parodie du poète** allant voir sa petite fille « Jeanne [*qui*] était au pain sec dans le cabinet noir » pour lui glisser « dans l'ombre un pot de confiture » (V. Hugo, *Œuvres poétiques*, tome III, Gallimard, « La Pléiade », p. 623). Le narrateur fait allusion à cette scène : « Si l'on m'eût mis au pain sec, il m'eût porté des confitures ; mais les deux femmes [*Louise et Anne-Marie*] terrorisées se gardaient bien de m'y mettre » (p. 24). La distance parodique est signifiée par la **modalité éventuelle** (système hypothétique, mode conditionnel) tandis que la **tendresse** du grand-père pour l'enfant est solidaire des **rapports terroristes** qu'il entretient avec les autres personnes de la famille. Contradiction que le narrateur généralisera sous l'allure sentencieuse d'une **maxime** : « quand on aime *trop* les enfants et les bêtes, on les aime contre les hommes » (p. 27).

En outre, le grand-père oblige l'enfant à jouer un rôle spécieux qui les rapproche : « Il médita sur moi : au jardin, assis dans un transatlantique, un verre de bière à portée de la main, il me regardait courir et sauter, il cherchait une sagesse dans mes propos confus, il l'y trouvait. J'ai ri plus tard de cette folie ; je le regrette : c'était le travail de la mort » (p. 26). Aux yeux du grand-père l'enfant détient une vérité sur le monde : il est détenteur d'une « sagesse », se présente comme « l'œuvre admirable de la terre », il est objet d'« extase », figure pythique ou « prophétique » (pp. 26-27). Le vieillard forme un **couple** avec l'enfant dans la mesure où, se sentant appelé par la mort, il se tient à proximité d'une Fontaine de Jouvence, « à la source de ma jeune vie » (p. 26). Ce statut quasi divin conféré à l'enfant par le grand-père, selon un renversement ironique, trouve sa raison d'être dans l'angoisse de la mort du vieillard.

Théâtralité et complicité

On aura remarqué le goût de Charles pour les apparences et les mises en scène. Dès l'apparition du personnage dans *Les Mots*, cette tendance apparaît clairement : « il garda toute sa vie le goût du sublime et mit son zèle à fabriquer de grandes circonstances avec de petits événements » (p. 11). Cette **transfiguration de la réalité** par le grand-père s'oriente vers le **jeu théâtral** et elle pousse l'enfant à singer ses rapports avec autrui sur un mode ludique* : « Nous jouions une ample comédie aux cent sketches divers » (p. 24), phrase qui parodie la définition que donne La Fontaine de ses *Fables* (« Le Bûcheron et Mercure », V, 1) et qui donne à lire les comportements du grand-père et de l'enfant selon une conception artificielle des morceaux choisis, où le **formalisme esthétique prime sur l'authenticité du vécu**. À travers la perfection de la scène jouée s'affirme leur véritable **complicité**, en face de spectateurs : « Du plus loin qu'il nous voyait, il se "plaçait", pour obéir aux injonctions d'un photographe invisible : la barbe au vent, le corps droit, les pieds en équerre, la poitrine bombée, les bras largement ouverts » (p. 23). La théâtralité de l'attitude est rendue ici par le verbe « placer » entre guillemets, ce qui indique son emploi technique dans le domaine des arts visuels ; l'aspect figé est souligné par l'énumération descriptive sans verbe et par les indications géométriques (« droit », « équerre », « bombée », bras en croix) qui épurent la silhouette. Sur le quai de gare, la rencontre du grand-père et de son petit-fils relève aussi de la figure imposée (« C'était la deuxième figure, très remarquée des passants », p. 24).

Au début des *Mots*, le narrateur fait le récit d'une scène de famille où, pour punir Charles de s'être lancé sur la trace d'une écuyère, son propre père (approuvé par la famille) « retourna son portrait contre le mur et fit défense de prononcer son nom » (p. 11). On peut voir là une scène fondatrice qui expliquerait la surenchère adoptée par Charles pour s'imposer au monde : à cette négation de lui-même, opérée par le geste paternel, Charles répond maintenant par une **prédilection pour l'art photographique**. Par ce biais, il satisfait l'obsession d'une reproduction indéfinie de soi qui semble l'immortaliser à l'instar d'un dieu : « ses photos remplissaient la maison : comme on ne pratiquait pas encore l'instantané, il y avait gagné le goût des poses et des tableaux vivants ; tout lui était prétexte à suspendre ses gestes, à se figer dans une belle attitude, à se pétrifier ; il raffolait de ces courts instants d'éternité où il devenait sa propre statue » (pp. 22-23).

La comédie familiale

Ces rapports que le grand-père et l'enfant ont établi entre eux ne manquent pas d'avoir des conséquences sur le comportement général de Poulou et sur la famille tout entière. Seule Louise, la grand-mère, a « percé à jour » son comportement théâtral (« Elle blâmait ouvertement en moi le cabotinage qu'elle n'osait reprocher à son mari », p. 31) mais semble vouloir surtout démasquer son mari à travers son petit-fils.

Tout d'abord, l'enfant vit dans une comédie permanente et comme **coupé de la réalité** : « je ne connus d'abord la réalité que par sa rieuse inconsistance » (p. 24). Il n'est pas sage à proprement parler mais il **joue à être sage** : « Et puis j'étais un enfant sage : je trouvais mon rôle si seyant que je n'en sortais pas » (*ibid.*) ; à quelques lignes d'intervalle le narrateur revient pour insister sur cette idée : « je ne connais rien de plus amusant que de jouer à être sage ». On peut ainsi relever tout un **champ lexical du théâtre** : « je feins d'être en péril », « vertueux par comédie », et surtout : « J'ai la liberté princière de l'acteur qui tient son public en haleine » (p. 25). Par ailleurs, le **récit au présent de narration** nous permet de saisir de l'intérieur les pensées du personnage enfant et d'en voir le mécanisme, ce qui révèle, là encore, un souci permanent de théâtralité : « Ces moments de haute spiritualité font mes délices : tout le monde a l'air de dormir, c'est le cas de montrer ce que je sais faire : à genoux sur le prie-Dieu, je me change en statue » (*ibid.*). On retrouve de surcroît le terme « statue » qui s'appliquait précédemment au grand-père et qui montre les **dispositions mimétiques de l'enfant**. Il y en aura d'autres : on tire de l'enfant « cent photos » (p. 26) ; il fait, lui aussi, des « apparitions » (p. 28)...

Cette dimension théâtrale se présente comme un jeu facile à mener pour l'enfant qui attend l'éloge de son entourage : « Ces faciles victoires me persuadent que j'ai un bon naturel ; je n'ai guère qu'à m'y laisser aller pour qu'on m'accable de louanges » (*ibid.*). Car il est plus aisé pour lui de jouer le jeu des adultes plutôt que de vraiment chercher à s'imposer par la confrontation et la révolte : « Contre qui, contre quoi me serais-je révolté : jamais le caprice d'un autre ne s'était prétendu ma loi » (p. 24). Sans qu'il en soit – bien évidemment – conscient, l'enfant, selon les termes de la philosophie sartrienne, fait l'**expérience de la mauvaise foi** dans la mesure où il veut bien croire qu'il est le **maître d'une situation qu'on lui impose en fait**. Là encore, il y a renversement et permutation de la cause et de la conséquence : « On m'adore, donc je suis adorable » (*ibid.*). La phrase met en avant le sentiment du public qui crée l'objet même de son sentiment ; elle se permet aussi de **parodier, dans une intention ironique, le cogito cartésien*** (« je pense, donc je suis ») puisque l'on passe de l'activité lumineuse du penser au plan si peu clair des sentiments, et que la proximité du Je par rapport à lui-même laisse place ici à l'indéfini sans figure (On).

D'autre part, la vision du monde de l'enfant se calque sur celle du *Candide* de Voltaire et joue, sur le mode parodique, de l'ironie voltairienne : « C'était le Paradis. Chaque matin, je m'éveillais dans une stupeur de joie, admirant la chance qui m'avait fait naître dans la famille la plus unie, dans le plus beau pays du monde » (p. 30) ; on retrouve ici les termes hyperboliques du style voltairien : la référence au paradis terrestre, les termes du haut degré (« stupeur de joie », « admirant »), les comparatifs de supériorité, le leitmotiv de la philosophie optimiste de Pangloss. Les rapports familiaux, de type terroriste, sont ainsi présentés sous le couvert de l'harmonie parfaite : « Karl et Mamie, ça sonnait mieux que Roméo et Juliette, que Philémon et Baucis. Ma mère me répétait cent fois par jour non sans intention : "Karlémami nous attendent ; Karlémami seront contents, Karlémami...", évoquant par l'intime union de ces quatre syllabes l'accord parfait des personnes » (p. 31). Dans la mesure où la famille apparaît comme une **structure médiatrice du monde**, c'est toute la société qui est perçue par l'enfant selon une vision harmonieusement simpliste : « Dans ce monde en ordre il y a des pauvres » (p. 30). Mais on voit comment la mauvaise foi s'appuie à nouveau sur des **renversements sournois** : « Les pauvres ne savent pas que leur office est d'exercer notre générosité » (*ibid.*). Les pauvres n'existent donc que pour donner bonne conscience aux bourgeois qui leur font l'aumône, ils existent pour permettre une figure imposée : « je m'élance, je leur glisse dans la main un pièce de deux sous et, surtout, je leur fais cadeau d'un beau sourire égalitaire » (*ibid.*), phrase où se retrouvent la mise en relief de l'acteur principal, les verbes d'action au présent, la rapidité et la sûreté de l'exécution, ainsi que l'**expression de la fausse humanité** qui relève plus spécifiquement du Je de l'énonciation.

Le monde est aussi partagé entre les bons et les méchants et, pour la famille Schweitzer, l'occupation de l'Alsace-Lorraine par l'Allemagne constitue un problème sensible : « Il y a de vrais méchants : les Prussiens, qui nous ont pris l'Alsace-Lorraine et toutes nos horloges, sauf la pendule de marbre noir qui orne la cheminée de mon grand-père et qui lui fut offerte, justement, par un groupe d'élèves allemands ; on se demande où ils l'ont volée » (p. 32). La vision manichéenne simpliste se trouve alors considérablement perturbée car ces occupants sont précisément ceux qui font vivre la famille : dans l'Institut de Charles Schweitzer, « les élèves, pour la plupart, viennent d'Allemagne » (p. 33). Charles a des « colères patriotiques » contre l'occupant mais il est « pour le maintien de la Paix » (p. 34), et donc, en clair, pour l'occupation. Le narrateur souligne toutes ces contradictions, et montre à l'œuvre la mauvaise foi qui se dissimule derrière la stratégie de la dérision (« nous tuons les Boches par le ridicule », *ibid.*). La comédie familiale et les compromissions donnent à l'enfant une **image illusoire du monde** qui lui barre l'accès à la réalité et lui ôte toute possibilité d'individuation et de reconnaissance de soi (« Si l'on ne se définit qu'en s'opposant, j'étais l'indéfini en chair et en os », p. 35). Il se borne ainsi à jouer un rôle et à se jouer un rôle, sous le regard médiateur d'autrui : il n'est pas un sujet mais un objet, ou mieux un **objet-sujet, c'est-à-dire un personnage** ; il relève en effet du monde fictif : « cela montre ce que je suis au fond : un bien culturel » (p. 35). Et l'on comprend alors pourquoi le style des *Mots* relève à ce point du **genre parodique** : puisque l'œuvre se présente comme l'autobiographie d'un **enfant métamorphosé en personnage**, on doit comprendre qu'il a vécu sa vie dans l'**univers littéraire** : son grand-père se prenait pour Victor Hugo, les confitures que Jean-Paul a salées sont peut-être celles que Victor Hugo porte à Jeanne (p. 24) ; « Karl et Mamie » sonne mieux que Roméo et Juliette (p. 31) ; sa mère est une « jeune géante » (p. 20) dont on trouve le modèle chez Baudelaire (« Spleen et Idéal », *Les Fleurs du Mal*) ; il pose sur le monde le regard de Candide ; son grand-père trouve en lui plus de profondeur que chez le philosophe Bergson (p. 26). Quant à Jean-Baptiste Sartre, qui lui a ouvert la voie en matière d'existence problématique (« Je le connais par ouï-dire, comme le Masque de Fer ou le Chevalier d'Éon », p. 20), ses liens avec l'enfant peuvent se résumer à un titre shakespearien : « ce sont des peines d'amour perdues » (p. 20).

Pages 35 à 49

RÉSUMÉ

Le narrateur évoque sa découverte des livres dans la bibliothèque de son grand-père ; il est émerveillé par les lectures que lui fait sa mère, puis il apprend à lire dans *Sans famille* d'Hector Malot. Bientôt la bibliothèque lui tient lieu de monde réel et le Grand Larousse en particulier le passionne. Il se met aussi à juger les actes de ses proches en fonction de ce qu'il lit dans les livres. Il éprouve cependant la peur de traverser le miroir, de se perdre dans l'univers fabuleux de la littérature mais il a peur aussi de se faire contaminer par les histoires qu'il lit ; finalement, il s'ouvre à son grand-père sur ces questions concernant la littérature.

COMMENTAIRE

La représentation du livre

Le personnage-narrateur commence à découvrir les livres dans la bibliothèque de son grand-père. Les ouvrages forment d'abord pour lui une **enceinte protectrice et rassurante** : « J'ai commencé ma vie comme je la finirai sans doute : au milieu des livres » (p. 35) ; dans le même sens, il précise que ce sont des « monuments trapus, antiques qui [l]'avaient vu naître, qui [le] verraient mourir et dont la permanence [lui] garantissait un avenir aussi calme que le passé » (p. 36). Les ouvrages de l'esprit se présentent non pas comme de fragiles objets transitoires faits de papier, mais comme des **constructions architecturales solides** qui ont déjà traversé les âges et sont appelés à durer indéfiniment ; dans ce sens, ils s'opposent alors à la vie contingente de l'homme qui passe.

Par ailleurs, ces livres sont pour l'enfant des **objets sacrés**. Cet aspect se trouve explicité par un vaste **champ lexical** : « révérer », « pierres levées », « menhirs », « sanctuaire », « honorer mes mains de leur poussière », « cérémonies », « dextérité d'officiant » (pp. 35-36) ; il en est de même lorsque Louise se plonge dans la lecture : « je m'emplissais, dit le narrateur, d'un silence sacré » (p. 37). Les livres ont enfin le statut de **divinités** ; ce sont des présences tutélaires qui, comme dans la mythologie romaine, assurent la protection de la maison : « je sentais que la prospérité de notre maison en dépendait » (p. 36).

Le livre se présente aussi comme un **objet vivant** qui possède une vie secrète et intérieure : « Quelquefois je m'approchais pour observer ces boîtes qui se fendaient comme des huîtres et je découvrais la nudité de leurs organes intérieurs, des feuilles blêmes et moisies, légèrement boursouflées, couvertes de veinules noires, qui buvaient l'encre et sentaient le champignon » (p. 36). Dans cette phrase on remarquera surtout le rôle des **termes imagés** ; on passe de l'inanimé (« boîtes »), à l'animé (« huître ») ; les livres possèdent un fonctionnement organique (« la nudité de leurs organes intérieurs »), une circulation sanguine (« veinules noires ») qui représente les caractères d'imprimerie, et ils vivent d'une vie souterraine (« moisies », « champignon »). La vie imperceptible des livres est dénotée aussi par des verbes comme « se fendaient », « buvaient », ainsi que par des participes, formes adjectivales du verbe (« boursouflées », couvertes »). Les phrases elles-mêmes, qui s'enchaînent dans le livre, vivent elles aussi d'une vie infra-humaine, inquiétante, rendue par les **images de l'animalité rampante** : « Des phrases en sortaient qui me faisaient peur : c'étaient de vrais mille-pattes, elles grouillaient de syllabes, de lettres » (p. 40).

Enfin l'**ordre des sens** est sollicité : le livre a une odeur, voire un goût, de « champignon » ou de moisi, et le narrateur précise que les livres de la grand-mère lui faisaient penser « à des confiseries de Nouvel An » (p. 36). Quant au grand-père, il ouvre ses ouvrages « en le[s] faisant craquer comme un soulier » (*ibid.*).

L'empire de la littérature

L'enfant est bientôt sensible à la différence entre la parole vivante et contingente de la mère, et la parole du livre qu'on lui lit. Devant le récit oral des Fées par sa mère, il est retenu par la **dimension physique de la voix** : « Je n'avais d'oreilles que pour sa voix troublée par la servitude ; je me plaisais à ses phrases inachevées, à ses mots toujours en retard, à sa brusque assurance, vivement défaite et qui tournait en déroute pour disparaître dans un effilochement mélodieux et se recomposer après un silence » (pp. 39-40) ; c'est ici la voix vivante, avec ses ratés et son tremblé mélodique, qui est mise en relief et que tentent de mimer les circonvolutions de la phrase, tandis que le contenu de l'histoire est presque oublié. En revanche, le jour où Anne-Marie lui lit effectivement la même histoire, s'opère le renversement : « elle se pencha, baissa les paupières, s'endormit. De ce visage de statue sortit une voix de plâtre. Je perdis la tête : qui racontait ? quoi ? et à qui ? Ma mère s'était absentée [...]. Et puis je ne reconnaissais pas son langage [...]. Au bout d'un instant j'avais compris : c'était le livre qui parlait » (p. 40). Outre le fait que l'histoire lue s'organise comme « une succession rigoureuse » et que les personnages y acquièrent « des destins » (p. 41), la lecture d'un livre implique aussi une **métamorphose de celui qui lit** ; la mère « s'absente », se néantise dirait le philosophe, pour rejoindre l'immobilité minérale ; elle se laisse traverser, à l'instar de la pythie, par la parole du livre. Déjà l'enfant avait remarqué un autre type de métamorphose lorsque son grand-père, si malhabile dans le quotidien, manipulait un livre « avec une dextérité d'officiant » (p. 36) ; l'univers du livre se révélerait ainsi comme un **univers renversé par rapport au monde de la réalité**. Dans l'histoire des Fées, lue par Anne-Marie, le narrateur souligne que « le bûcheron, la bûcheronne et leurs filles, la fée, toutes ces petites gens, nos semblables, avaient pris de la majesté ; on parlait de leurs guenilles avec magnificence » (p. 41), comme si l'ordre du littéraire possédait ce **pouvoir magique de transfiguration** qui tire le bas (« guenilles ») vers le haut (« magnificence ») : le fait littéraire s'expliquerait par l'alchimie baudelairienne (de type spirituel et qui vise la transformation de la boue en or), doublée d'une dimension ironique qui joue de tous les renversements de valeur, tandis que cette métamorphose se déroule dans le cadre du sacré : les « actions [se transforment] en rites et les événements en cérémonies » (*ibid.*).

Le paradoxe est que ce monde littéraire a tendance à se refermer sur lui-même ; il a la densité et le caractère introverti de l'en-soi : les phrases « s'enchantent d'elles-mêmes et de leurs méandres sans se soucier de moi « (p. 40). Lorsque le narrateur commence à maîtriser la lecture il doit tendre des pièges, adopter des stratégies pour s'emparer du sens : « les phrases me résistaient à la manière des choses ; il fallait les observer, en faire le tour, feindre de m'éloigner et revenir brusquement sur elles pour les surprendre hors de leur garde » (p. 43). Mais la pratique du Grand Larousse va finalement opérer un **nouveau renversement** : « Hommes et bêtes étaient là, *en personne* : les gravures, c'étaient leur corps, le texte, c'était leur âme singulière » (p. 44). Le livre se substitue au monde et devient plus réel que lui : les vrais hommes ne sont que de « vagues ébauches », tandis que leur représentation livresque présente des « archétypes » (*ibid.*) ; « j'y [*dans le Grand Larousse*] dénichais, dit le narrateur, les vrais oiseaux, j'y faisais la chasse aux vrais papillons posés sur de vraies fleurs » (*ibid.*), phrase où l'**anaphore** est chargée d'exprimer la force de l'**illusion réaliste** qui s'empare de la jeune imagination.

Mais lorsqu'il lit *Madame Bovary*, il se sent débordé de toute part du fait de la profusion du sens. Il pressent et découvre dans le livre une **profondeur** qui fait défaut au monde réel : « J'aimais cette résistance coriace dont je ne venais jamais à bout ; mystifié, fourbu, je goûtais l'ambiguë volupté de comprendre sans comprendre : c'était l'épaisseur du monde ; le cœur humain dont mon grand-père parlait volontiers en famille, je le trouvais fade et creux partout sauf dans les livres » (p. 48). Non seulement le livre offre un monde fictif dont la puissance de représentation se substitue au monde réel, mais ce **monde fictif disqualifie le réel par sa richesse** : devant les faits et gestes de la vie quotidienne, rationalisés par les commentaires des proches, l'enfant trouve une clarté de sens sans intérêt (« la vie quotidienne était limpide », p. 44). En revanche, l'univers littéraire ne cesse de **remettre en question sa vision du monde** : la phrase interrogative est de rigueur lorsqu'il se met à vouloir comprendre la fin de *Madame Bovary* (p. 48). Il compare aussi les histoires lues et l'ordre de la réalité en essayant d'y trouver une **loi différentielle** : « Brutus tue son fils et c'est ce que fait aussi Mateo Falcone. Cette pratique paraissait donc assez commune. Autour de moi, pourtant, personne n'y avait recouru » (p. 46). Son approche du monde littéraire est en outre **passionnelle** : il est scandalisé par le meurtre d'Horace d'autant plus qu'« il fallait *acquitter* le sororicide » (p. 47). Enfin, la pratique de la lecture lui procure « la combinaison de deux peurs contradictoires » (p. 48). D'un côté l'univers fictif de la littérature possède un tel pouvoir qu'il **déréalise le réel**, brouille les repères et amène l'enfant à se persuader qu'il est prêt à basculer dans ce monde de papier : « je craignais de tomber la tête la première dans un univers fabuleux et d'y errer sans cesse » (p. 48), les héros se substituant alors à ses proches. D'un autre côté, il craint, à travers ses lectures, de se laisser contaminer par une puissance étrangère qui lui échappe et qui **le dépossède de lui-même** : « J'introduisais dans ma tête, par les yeux, des mots vénéneux, infiniment plus riches que je ne savais ; [...] n'allais-je pas m'infecter, mourir empoisonné ? » (p. 49). Dans les deux cas l'empire de la littérature s'exprime sur le mode de la fascination, de la tentation et de la crainte de la punition ; l'accès à la littérature mêle ainsi ironiquement **l'attirance à l'anxiété**.

Pages 49 à 70

RÉSUMÉ

Le grand-père se met à initier son petit fils aux œuvres de l'esprit (architecture, musique) mais il le rend aussi sensible aux beautés naturelles. Il lui fait découvrir quelques auteurs de la bibliothèque mais il le fait avec le goût d'un homme du XIXe siècle et surtout avec les œillères d'un professeur qui s'en tient le plus souvent aux morceaux choisis. Cependant, pour l'enfant, les écrivains deviennent des amis qui se sont finalement « métamorphosés en livres ». Le narrateur s'interroge toutefois sur sa sincérité d'enfant lorsqu'il avait des lectures d'adulte tout en restant un enfant, néanmoins il reconnaît que, malgré tout, cette « Comédie de la culture à la longue [*le*] cultivait ».

Mais bientôt il découvre les vraies lectures de l'enfance : Verne, Paul d'Ivoi, où les bons héros sont toujours récompensés ; et à propos de ce type de lecture, le narrateur déclare en avoir tiré sa « fantasmagorie la plus intime : l'optimisme ».

Toutefois une mésaventure survint lorsque son grand-père dut reconnaître que son petit-fils, qu'il avait inscrit au lycée Montaigne, ne maîtrisait pas l'orthographe et n'était pas si avancé qu'il le pensait. L'enfant reçut des cours particuliers puis, la famille résidant à Arcachon, il fréquenta l'école communale où son respect pour l'instituteur M. Barrault fut un jour troublé par une inscription irrévérencieuse gravée sur un mur de l'école. Il suivit par la suite des cours médiocres à l'institution Poupon. Mlle Marie-Louise lui donna aussi des cours particuliers mais fut remerciée car Charles la trouvait misérable et « calamiteuse ».

COMMENTAIRE

La « Comédie de la culture »

Le grand-père se présente comme le médiateur entre l'enfant et le monde de la culture, mais le narrateur donne de leur rapport une représentation critique.

Tout d'abord, Charles passe **sans transition** d'un rapport enfantin à un rapport adulte avec l'enfant ; auparavant il lui chantait : « À cheval sur mon bidet ; quand il trotte il fait des pets. [...]. Il ne chanta plus : il m'assit sur ses genoux et me regarda dans le fond des yeux : "Je suis homme, répétait-il d'une voix publique, je suis homme et rien d'humain ne m'est étranger" » (p. 49). On passe ainsi de l'intimité complice à la « voix publique » et à un rapport d'adulte prématuré. Par ailleurs, Charles porte sur le monde un **regard esthétisant** qui méprise une large part du monde réel, voire de l'humanité, et qui s'inscrit finalement en faux contre la définition si pompeuse qu'il a énoncée de lui-même : « Karl chassait de sa République l'ingénieur, le marchand et probablement l'officier. Les fabriques lui gâchaient le paysage ; des sciences pures, il ne goûtait que la pureté » (p. 50). Il pratique aussi des sélections drastiques dans le monde même de la culture : « il ne manquait jamais d'entrer dans les églises quand elles étaient gothiques ; romanes, cela dépendait de son humeur.[...] il aimait Beethoven, sa pompe, ses grands orchestres ; Bach aussi, sans élan » (*ibid.*). L'opposition marque chaque fois une limitation de ses goûts et des exclusives qui rejettent tout le reste dans l'ombre. Il y ajoute toutefois les « beautés naturelles » et cet univers, recomposé par le regard du vieil homme, est censé exprimer la grandeur divine. Outre la **cohérence problématique de l'ensemble**, la perception du divin demeurait particulièrement abstraite pour un enfant : « Un même souffle modelait les ouvrages de Dieu et les grandes œuvres humaines ; un même arc-en-ciel brillait dans l'écume des cascades, miroitait entre les lignes de Flaubert, luisait dans les clairs-obscurs de Rembrandt : c'était l'Esprit » (p. 51). On voit dans cette phrase comment le **style imagé** (« souffle », « arc-en-ciel », le champ lexical de la lumière : « brillait », « miroitait », « luisait ») est utilisé pour établir une continuité ironique qui rende compte de la vision du monde du grand-père ; une opposition s'installe entre l'identité (« même ») et la diversité qui se traduit par les pluriels ; un autre type d'opposition fait appel à l'ordre concret pour exprimer la représentation abstraite de « l'Esprit ». Cette convergence de traits stylistiques montre la difficulté que pouvait éprouver l'enfant pour appréhender cette vision du monde de type platonicien impliquant, à travers « la Beauté, [...] la présence charnelle de la Vérité » (p. 51).

Toutefois, dans l'optique de Charles, les écrivains ne présentent en eux-mêmes que bien peu d'intérêt et leurs œuvres sont écrites sous la dictée de l'inspiration divine : même si, en apparence, il leur voue un culte, « ils le dérangeaient pourtant : leur présence importune l'empêchait d'attribuer directement au Saint-Esprit les œuvres de l'Homme « (p. 53). Il apprécie ainsi les auteurs dont l'identité n'est pas établie (Shakespeare, Homère) et, du fait de sa religion luthérienne, de sa formation et de son milieu bourgeois, « il éprouv[e] une répugnance secrète pour les monstres sacrés de sa bibliothèque, gens de sac et de corde dont il tenait, au fond de soi, les livres pour des incongruités » (*ibid.*). En même temps qu'il voit dans la culture une médiation qui permet d'atteindre au divin et au sublime, Charles ne peut s'empêcher de jeter le soupçon sur ses représentants. Cette **attitude paradoxale** ne peut que compliquer la perception de son petit-fils devant la culture et impliquer des résultats contraires aux intentions de Charles : « Mon grand-père avait souhaité me dégoûter sournoisement des écrivains, ces intermédiaires. Il obtint le résultat contraire » (p. 54). Au lieu de s'en éloigner, l'enfant se rapproche des grands auteurs et les tient familièrement pour ses égaux : les écrivains souffraient puis se trouvaient récompensés par « un beau vers », tout comme lui-même était récompensé lorsqu'il était bien sage.

Une autre attitude du grand-père vis-à-vis de la culture se trouve aussi critiquée par le narrateur : Charles a en effet une vision réductrice de la littérature dans la mesure où il l'utilise comme un « matériau » (p. 56), un outil scolaire pour les thèmes et les versions. Pour lui les grands auteurs se réduisent à quelques morceaux choisis dans un but pédagogique : « sous prétexte de leur rendre un culte, il les tenait dans ses chaînes et ne se privait pas de les découper en tranches pour les transporter d'une langue à l'autre plus commodément », attitude scandaleuse que le narrateur dénonce en ayant recours à des expressions imagées (« chaînes », « découper en tranches », « transporter ») où la **valeur concrète est renforcée par la péjoration**. L'exemple de *Colomba* de Mérimée est ainsi significatif ; il y avait le texte intégral « au quatrième étage de la bibliothèque » que « nul regard ne déflora jamais » et « sur le rayon du bas, cette même vierge s'emprisonnait dans un sale petit bouquin brun et puant » où était présenté, annoté, un passage de l'œuvre : c'était le livre de classe de Charles mais « c'était Mérimée humilié » (p. 57). Le narrateur souligne ainsi la vision contradictoire de Charles : si, au départ, pour le grand-père, la culture relève du Sublime (p. 51), en pratique il la considère de manière réductrice, purement utilitaire et réifiée*. On se trouve alors devant une **parodie de la culture** ; on pourrait même dire, devant une vision funèbre de la culture : « Je sentais qu'il vivait des morts » (p. 56), dit le narrateur à propos de Charles.

Les vraies lectures

Toutefois, sous le regard du grand-père et plus largement de la famille, l'enfant s'oblige à accéder à cette culture qui le dépasse : « je vivais au-dessus de mon âge comme on vit au-dessus de ses moyens : avec zèle, avec fatigue, coûteusement, pour la montre » (p. 59), phrase qui souligne, à travers l'énumération, la pesanteur de ce rôle ; et il se trouve toujours **englué dans la théâtralité** : « le jeu continuait » (p. 60). De ce contact, même artificiel, avec la culture, l'enfant retirera pourtant un intérêt : « En tout cas mon regard travaillait les mots : il fallait les essayer, décider de leur sens ; la Comédie de la culture, à la longue, me cultivait » (p. 61). Là encore, il faut signaler comment s'exprime l'intention sérieuse, sous le couvert de la comédie, à travers le recours à des verbes comme « travailler », « cultiver », par le biais de la modalisation d'obligation (« il fallait »), ainsi que par l'emploi de l'imparfait (duratif, répétitif) soutenu par l'adverbe temporel (« à la longue ») qui présente cette activité de lecture comme un labeur acharné et de longue haleine.

Mais bientôt Anne-Marie s'aperçoit des « emportements truqués » (p. 61) de son fils et s'arrange pour qu'il découvre la littérature enfantine qui convient à son âge : « je vis des images merveilleuses, leurs couleurs criardes me fascinèrent, je les réclamai, je les obtins ; le tour était joué : je voulus avoir toutes les semaines *Cri-cri*, *L'Épatant*, *Les Vacances*, *Les Trois boys-scouts* de Jean de la Hire et *Le Tour du monde en aéroplane*, d'Arnould Galopin, qui paraissait en fascicules, le jeudi » (p. 62). Ici, l'intérêt et l'appétit de lecture ne sont plus joués : la **succession des actions au passé simple** rend compte de l'immédiateté avec laquelle s'opère la découverte de cette littérature où l'illustration joue un rôle majeur, ainsi que l'attente de l'histoire au prochain numéro. On sent aussi, à travers l'énumération des périodiques et leur titre enfantin, s'exprimer le **plaisir de lire** et le soulagement d'une conscience qui ne vit plus enfin « au-dessus de ses moyens ».

Quant aux ouvrages de la collection Hetzel, il permettent au narrateur d'évoquer une **phénoménologie de la lecture** dans le sens où l'on voit comment l'enfant naît enfin à la lecture dans une **expérience originelle** et sans *a priori* : « Je dois à ces boîtes magiques – et non aux phrases balancées de Chateaubriand – mes premières rencontres avec la Beauté. Quand je les ouvrais j'oubliais tout : était-ce lire ? Non, mais mourir d'extase : de mon abolition naissait aussitôt des indigènes munis de sagaies, la brousse, un explorateur casqué de blanc. J'étais *vision*, j'inondais de lumière les belles joues sombres d'Aouda, les favoris de Phileas Fogg. Délivrée d'elle-même enfin, la petite merveille se laissait devenir pur émerveillement » (*ibid.*). On remarque alors que la pratique de la lecture, présentée jusque-là comme une tâche harassante et débordante, devient une expérience de l'immédiat révélant un monde imaginaire ; par son caractère fulgurant (« j'inondais de lumière ») cette lecture-vision confère à ce monde imaginaire la consistance du réel concret (« les belles joues sombres d'Aouda... »). Le livre comme tel s'évanouit ; le moi superficiel et artificiel de l'enfant s'efface pour laisser place à une **expérience de la liberté dans un cadre ludique**. Le bonheur est ici « parfait », il n'y a plus aucune anxiété : « Parfois le trépas était même risible » (p. 63).

Une satire de l'école

On aurait pu penser qu'à l'école, loin du cercle familial, le petit Jean-Paul établirait des rapports plus authentiques avec lui-même et avec autrui. Mais ses expériences scolaires successives, qui restent marquées par les interventions de son grand-père, se révèlent comme autant d'**échecs**.

Tout d'abord, l'enfant n'a pratiquement jamais de contact avec les autres élèves : il reçoit des leçons particulières chez lui (p. 66, p. 69) ; à l'école communale d'Arcachon, M. Barrault « me faisait asseoir à un pupitre spécial, à côté de la chaire, et, pendant les récréations, me gardait à ses côtés » (p.66) ; à l'institution Poupon, « nous étions bien trente académiciens qui n'eûmes jamais le temps de nous adresser la parole » (p. 69). Par ailleurs, c'est toujours le rapport avec l'adulte qui est privilégié, ce qui permet au narrateur de proposer une **approche satirique du monde enseignant**.

À l'institution Poupon, on remarque que ce ne sont plus les enseignants qui règnent dans leur classe : « les enfants se groupaient en demi-cercle silencieusement ; assises au fond de la pièce, droites et le dos au mur, les mères surveillaient le professeur » (p. 68). Ce **renversement du pouvoir** est ici rendu par la place du terme « professeur » au singulier, acculé à la fin de la phrase, tandis que « les mères », qui font face en nombre à l'enseignant, sont présentées comme des juges sévères dont on sent le poids du regard : effet produit pour l'essentiel par l'antéposition des circonstants (« assises, droites » ...) et l'apparition différée du groupe sujet. Devant cet impérialisme des parents, l'enseignement est lui-même soumis à des pressions qui ne relèvent plus du pédagogique mais du commerce, car il fallait éviter de perdre des élèves : « Le premier devoir des pauvres filles qui nous enseignaient, c'était de répartir également les éloges et les bons points à notre académie de prodiges » (*ibid.*) ; là encore, on assiste à un nouveau renversement à visée satirique où les enfants sont présentés comme des « prodiges » tandis que les enseignantes sont perçues comme des « pauvres filles ».

Avec le personnage de Mlle Marie-Louise, l'auteur rend compte du statut social des enseignants : elle « professait huit heures par jour au cours Poupon pour un salaire de famine » (p. 69). Une première préoccupation d'ordre social naît ainsi dans l'esprit du petit Jean-Paul : « Je croyais les salaires proportionnés au mérite et on me disait qu'elle était méritante : pourquoi donc la payait-on si mal ? » (*ibid.*). Surgit de la sorte une image du désordre social, d'autant plus que Mlle Marie-Louise donne des leçons particulières « en se cachant des directrices » du cours Poupon, et se trouve à cet égard totalement infantilisée. D'un autre côté, ce même personnage se plaint au petit Jean-Paul de sa difficulté à vivre et s'adresse à lui comme s'il s'agissait d'une personne adulte : « Elle interrompait parfois les dictées pour soulager son cœur gros de soupirs : elle me disait qu'elle était lasse à mourir, qu'elle vivait dans une solitude affreuse, qu'elle eût tout donné pour avoir un mari, n'importe lequel » (p. 69) ; le discours indirect (« elle me disait que... ») glisse vers le discours indirect libre si bien que l'on entend s'élever la **voix plaintive du personnage**, notamment à travers le rythme ternaire, les expressions du haut degré (« lasse à mourir », « tout donné ») et surtout à travers la rallonge expressive et inattendue du « n'importe lequel », qui est lâché comme un cri désespéré. Cette **vision pathétique** du personnage de Mlle Marie-Louise, s'oppose à celle, **distanciée et méprisante**, du grand-père : « Quand je rapportais ses doléances, mon grand-père se mettait à rire : elle était bien trop laide pour qu'un homme voulût d'elle » (p. 70).

La vision satirique impliquée par le regard adulte (celui de Charles ou du narrateur) se trouve atténuée par la vision naïve de l'enfant, mais, en même temps, l'**effet de contraste** est d'autant mieux souligné.

Le souffle et les mots

La « Comédie de la culture » se rencontre naturellement dans le domaine de l'enseignement. C'est ainsi que Jean-Paul se fait un devoir de surmonter le dégoût que lui inspire l'haleine forte de l'instituteur d'Arcachon, indissolublement liée, pour lui, à l'esprit de sérieux et aux « plaisirs studieux » : « Quand M. Barrault se penchait sur moi, son souffle m'infligeait des gênes exquises, je respirais avec zèle l'odeur ingrate de ses vertus » (p. 67). La satire de l'instituteur de province va de pair avec une vision ironique de l'enfant puisque ce dernier se présente comme la victime consentante d'un enivrement répugnant : l'expression des « gênes exquises », qu'utilise Paul Valéry pour expliquer le rôle des règles de versification dans la création poétique, trouve ici un référent moins noble ; tandis que les « vertus », lorsqu'elles passent du plan moral au plan du sensible, invertissent leur trait positif en trait négatif pour se sublimer en une « odeur ingrate ».

À l'école communale toutefois, il arriva que Jean-Paul fût mis **en face de l'étrangeté**, ce qui se produisit par la médiation des mots et à travers une inscription blasphématoire dirigée contre l'instituteur : « Un jour, je découvris une inscription toute fraîche sur le mur de l'École, je m'approchais et lus : "Le père Barrault est un con". Mon cœur battit à se rompre, la stupeur me cloua sur place, j'avais peur. "Con", ça ne pouvait être qu'un de ces "vilains mots" qui grouillaient dans les bas-fonds du vocabulaire et qu'un enfant bien élevé ne rencontre jamais ; court et brutal, il avait l'horrible simplicité des bêtes élémentaires » (p. 67). L'école n'est donc pas simplement le lieu où l'on apprend les règles du beau langage ; c'est aussi le lieu où l'on fait l'expérience d'un **langage qui donne accès à une réalité jusqu'alors dissimulée** : un « enfant bien élevé » peut y rencontrer, comme dans cette scène, des mots qui relèvent des « bas-fonds du vocabulaire » et qui lui font prendre conscience de son attitude erronée vis-à-vis d'autrui. Par ailleurs, certains mots contaminent celui qui les lit : ici, ils érodent la barrière du respect qui déterminait le rapport de l'enfant avec les adultes, et lorsque Jean-Paul ose, à son tour, jouer le jeu de l'irrespect, le poids des mots semble bien trop lourd pour lui : « Je murmurai : "Le père Barrault pue" et tout se mit à tourner : je m'enfuis en pleurant » (p. 68).

Certains mots sont porteurs d'une telle charge affective et capables d'un renversement de valeurs tel que le corps de celui qui les prononce pour la première fois, ne sait y répondre autrement que d'une manière panique : battements de cœur, immobilité de la stupeur, vertige, fuite, pleurs... À l'issue de cette expérience l'enfant saura se dégager de ses préjugés vis-à-vis de la forte haleine de l'instituteur car, s'il éprouve toujours du respect pour M. Barrault, il avoue cependant : « quand il s'inclinait sur mon cahier, je détournais la tête en retenant mon souffle » (p. 68).

La dualité du Je

On remarquera que le narrateur intervient dans ce passage pour mettre en évidence, entre le passé et le présent, une permanence fondatrice qui explique, selon lui, sa passion de l'écriture.

Lorsqu'il était enfant, la vision qu'il avait du monde s'organisait selon un **axe vertical** : « je vivais sur le toit du monde, au sixième étage, perché sur la plus haute branche de l'Arbre Central : le tronc, c'était la cage de l'ascenseur » (p. 51). L'ironie réside dans le fait que le narrateur **croise la dimension du sacré** (« toit du monde », « Arbre Central ») **avec le quotidien parisien** (« sixième étage », « ascenseur ») ; elle réside aussi dans le fait que l'ordre du sacré se présente comme un **amalgame ridicule** de la mystique évangélique (« corps glorieux ») et de la mythologie gréco-romaine (impliquée par les termes techniques de l'architecture des temples) ; s'y ajoutent des **distorsions burlesques** comme le terme « perchoir » représentant le paradis : « je rentrais dans la *cella* ou dans le *pronaos*, je n'en descendais jamais en personne : quand ma mère m'emmenait au Luxembourg – c'est-à-dire quotidiennement – je prêtais ma guenille aux basses contrées mais mon corps glorieux ne quittait pas son perchoir, je crois qu'il y est encore » (*ibid.*). Le dernier membre de phrase nous ramène au moment où l'auteur-narrateur est en train de corriger son manuscrit et il confirme cette permanence de l'ordre vertical dans sa conception du monde : « Aujourd'hui, 22 avril 1963, je corrige ce manuscrit au dixième étage d'une maison neuve : par la fenêtre ouverte, je vois un cimetière, Paris, les collines de Saint-Cloud, bleues » (p. 52), phrase qui mime la lente ascension du regard et les différents plans descriptifs qui s'élèvent pour se perdre dans le ciel. Cette « position élevée », jadis comme « aujourd'hui », est liée à la bibliothèque et à l'univers des « Belles Lettres » (*ibid.*), ainsi qu'à la passion de l'écriture car, dans cette **distance même prise avec le monde**, « toute chose humblement sollicitait un nom, le lui donner c'était à la fois la créer et la prendre. Sans cette illusion capitale, je n'eusse jamais écrit » (*ibid.*). Il y a dans cette justification de l'écriture un souvenir de la Genèse biblique où les choses et les êtres sont en attente de recevoir un nom ; le rôle du créateur est donc de nommer, c'est-à-dire de conférer aux êtres et aux choses du monde leur situation et leur rôle respectifs. Pour l'écrivain le fait d'écrire apparaît comme une **illusion créatrice** mais, dans le fait de nommer, de « créer » et de « prendre » les choses, s'exprime la **liberté de leur donner des valeurs et un sens**.

Toutefois, la position du créateur l'investit malgré lui d'une charge qui concerne la totalité d'un monde. Le Je ne peut prétendre écrire sans une expérience toujours plus complète et, si Jean-Paul était tourné vers les hauteurs, il lui a fallu apprendre la profondeur : « Plus tard, loin de m'accrocher à des montgolfières, j'ai mis tout mon zèle à couler bas : il fallut chausser des semelles de plomb » (p. 52) ; on reconnaît ici le projet vernien où se combinent les voyages dans les airs et les abysses de *Vingt mille lieues sous les mers*. Mais cette **dualité du Je** est à vivre dans la contingence et la permanence : « Pour finir, mon altimètre s'est détraqué, je suis tantôt ludion, tantôt scaphandrier, souvent les deux ensemble comme il convient dans notre partie : j'habite en l'air par habitude et je fouine en bas sans trop d'espoir » (*ibid.*). Là encore, l'ironie du l'auteur-narrateur se retourne sur lui-même. En recourant au style imagé, il se pense et se choisit **homme-machine** (« mon altimètre », « ludion », « scaphandrier ») ; il ne maîtrise plus l'ascension de type mystique et la descente dans la quotidienneté du monde (« détraqué », « tantôt... tantôt... ») : il vit ainsi sur le **mode oxymorique***, c'est-à-dire « en l'air » et « en bas » en même temps, définissant par là, non sans humour, notre condition humaine.

Pages 70 à 91

RÉSUMÉ

Tandis qu'il ne cesse de jouer devant les adultes, l'enfant Jean-Paul se met à se poser des questions et à vivre dans le malaise : il s'aperçoit qu'il n'est pas aussi indispensable aux adultes qu'ils veulent le lui faire croire, que son géniteur n'a pas eu le temps de décider de son avenir et, enfin, qu'il est perçu comme un enfant délicat. Il sent peu à peu qu'il n'est rien qu'une « transparence ineffaçable ». Malgré ces sentiments on lui fait toujours croire qu'il est « le plus heureux des petits garçons ».

Puis l'on apprend que l'enfant, depuis longtemps, vit dans une sorte de familiarité avec la mort, qu'elle venait le visiter le soir, qu'il la rencontrait devant l'ouverture obscure d'une cave, qu'elle lui donnait rendez-vous dans un récit fantastique ou une fable ; mais il ne la rencontra pas au cimetière lors de l'enterrement de sa grand-mère Sartre, à Thiviers.

Quant à la rencontre avec la religion, Jean-Paul avait – semble-t-il – quelques dispositions qui s'évanouirent devant les récits de Charles à propos des saints, devant le scepticisme de la grand-mère Louise, ainsi que devant l'indifférence généralisée. Toutefois, l'enfant suit pendant quelques mois des cours d'instruction religieuse chez un abbé, ami de Charles, mais qui n'eurent pas de suite, si bien que le narrateur considère avec détachement sa « vocation manquée ».

Un jour, après avoir été emmené chez le coiffeur par son grand-père, l'enfant a la révélation de sa laideur et s'aperçoit du désintérêt des autres à son endroit. Par ailleurs, à deux reprises, il doit faire face à l'échec : lors d'une représentation théâtrale, on lui vole la vedette et il a une réaction de jalousie qui entraîne la réprobation de ses parents ; puis il est pris en flagrant délit d'insincérité. À chaque fois, le petit Jean-Paul se précipite devant le miroir pour s'abrutir de grimaces et s'éloigner des hommes. Mais le miroir lui découvre son être « horriblement naturel » que la « Comédie familiale » lui avait, jusqu'alors, dissimulé.

COMMENTAIRE

L'expérience du néant

L'une des conséquences de cette « Comédie familiale » que joue l'enfant devant les adultes est de l'amener finalement à

prendre conscience de son imposture : tout passe par le regard de l'autre – l'adulte en l'occurrence – qui donne une signification aux actes de l'enfant : « Je me tournais vers les grandes personnes, je leur demandais de garantir mes mérites : c'était m'enfoncer dans l'imposture » (p. 70). Jean-Paul alors a bien conscience d'attendre tout des autres et ainsi de **se déposséder de sa propre façon d'exister**. Mais en même temps il découvre que les adultes se jouent de lui, et que ceux en qui il avait placé sa raison d'être le considèrent bien en fait comme un enfant. Ils n'hésitent pas, par exemple, à rompre « des contrats sacrés » (p. 71), si bien que l'enfant fait l'expérience du néant : « je découvrais tout à coup que je comptais pour du beurre et j'avais honte de ma présence insolite dans ce monde en ordre » (p. 73). On voit ici comment le sentiment de son existence gratuite (rendu par une expression propre au jeu enfantin : « pour du beurre ») contribue à donner à Jean-Paul l'idée qu'il est en trop dans le monde. Il constate le **manque de nécessité de son existence** qui semble ne pas pouvoir prendre consistance ; par là Jean-Paul s'oppose particulièrement au collaborateur de Charles, M. Simonnot. Ce dernier est perçu par l'enfant comme un être d'une grande densité intérieure : « quand Anne-Marie lui demandait, pour faire durer la conversation, s'il aimait Bach, s'il se plaisait à la mer, à la montagne, s'il gardait bon souvenir de sa ville natale, il prenait le temps de la réflexion et dirigeait son regard intérieur sur le massif granitique de ses goûts » (p. 75). Dans cette phrase, une opposition de type ironique s'établit entre la futilité des questions posées et la pesée réflexive qu'elle suscite dans l'esprit de M. Simonnot. Toutefois l'enfant se laisse abuser par cet esprit de sérieux qui en impose et il sent à travers M. Simonnot s'affirmer une existence solide (« massif granitique »), justifiée et surtout pleine d'elle-même, sans aucune portion de vide : « L'heureux homme ! il devait, pensais-je, s'éveiller chaque matin dans la jubilation, recenser, de quelque Point Sublime, ses pics, ses crêtes et ses vallons, puis s'étirer voluptueusement en disant : "C'est bien moi : je suis M. Simonnot, tout entier" » (*ibid.*). Le personnage, imaginé par l'enfant, se saisit de l'intérieur avec l'évidence d'une chaîne montagneuse, avec la nécessité d'une entité naturelle ; la plénitude de son existence, marquée aussi dans la phrase par l'énumération et les pluriels, traduit le bonheur d'exister (« jubilation », « voluptueusement »).

Une autre expérience de l'enfant lui révèle le **statut problématique de son existence**. Malgré l'insistance du grand-père, sa mère refusait de lui faire couper ses boucles blondes : « Anne-Marie tenait bon ; elle eût aimé, je pense, que je fusse une fille pour de vrai ; [...]. Le Ciel ne l'ayant pas exaucée, elle s'arrangea : j'aurais le sexe des anges, indéterminé mais féminin sur les bords » (p. 86). Cette ambiguïté à propos du modèle sexuel va se résoudre par l'intervention du grand-père qui conduit en cachette Jean-Paul chez le coiffeur. Mais l'on se trouve alors en face d'une **métamorphose régressive** puisque l'enfant passe brusquement de la beauté à la laideur : « Mon grand-père semblait lui-même tout interdit ; on lui avait confié sa petite merveille, il avait rendu un crapaud » (p. 87). Cette laideur découverte va alors s'exaspérer et jouer, pour l'enfant, le rôle d'une autopunition. Lorsqu'il a commis une mauvaise action ou qu'il se sent honteux, il disparaît pour aller grimacer devant un miroir (pp. 89, 90), au point que ces séances de grimaces se présentent comme le signe d'un **effacement volontaire de soi-même**. L'enfant veut en effet effacer celui qu'il a été jusqu'à présent : « l'échec m'ayant découvert ma servilité, je me faisais hideux pour la rendre impossible, pour renier les hommes et pour qu'ils me reniassent. La Comédie du Mal se jouait contre la Comédie du Bien ; Éliacin prenait le rôle de Quasimodo. Par torsion et plissements combinés, je décomposais mon visage : je me vitriolais pour effacer mes anciens sourires » (p. 91) ; pour se punir d'avoir jouer la comédie du bien, Jean-Paul devient l'*héautontimorouménos*, le **bourreau de soi même**. Le rôle des **antithèses** dans ce passage dit, sur le mode humoristique, qu'une comédie chasse l'autre de manière quasi mécanique. Mais il y a plus : l'expressivité des termes (« se faire hideux », « se vitrioler ») traduit l'**angoisse** de l'enfant, ainsi que l'acharnement à se transformer (aspect itératif de l'imparfait). Enfin, il y a ce détournement radical vis-à-vis d'autrui, que marque la symétrie du verbe « renier », et qui laisse l'enfant dans **un total abandon psychologique et moral**.

L'expérience de la nausée

La « Comédie familiale », en perdant de son efficacité et de son intérêt, laisse l'enfant dans un état que Sartre a décrit et mis en scène dans son roman *La Nausée* (voir L. Giraudo, *La Nausée*, coll. « Balises », Nathan, pp. 76-77). Dans cet état, les objets et les situations ne parviennent pas à être cernés ; ils sont saisis à partir d'une perspective qui semble sans fin et qui les déploie dans une **série de « distances intérieures »** : « je traînais partout ma fausse bonhomie, mon importance désœuvrée, à l'affût d'une chance nouvelle : je croyais la saisir, je me jetais dans une attitude et j'y retrouvais l'inconstance que je voulais fuir » (pp. 70-71). Mais en même temps, le sentiment de la nausée s'exprime à travers un certain nombre de **valeurs dépréciées ou négatives** comme l'inconstance, le fade, le mou, le visqueux, l'amorphe, appelées par l'ordre animal ou organique (avec des appréhensions fantastiques), ou encore par le vivant indéterminé. Toute cette **rhétorique de la nausée** se retrouve dans les passages où l'enfant est en proie à l'**ennui** (pp. 78-79 ; « Je suis un chien... ») ou à l'**angoisse** : « je ne trouvais en moi qu'une fadeur étonnée. Sous mes yeux, une méduse heurtait la vitre de l'aquarium, fronçait mollement sa collerette, s'effilochait dans les ténèbres [...]. Dans le noir, je devinais une hésitation indéfinie, un frôlement, des battement, toute une bête vivante – la plus terrifiante et la seule dont je ne pusse avoir peur » (p. 91) : il s'agit évidemment de lui-même en tant qu'il est un existant « horriblement naturel ».

Enfin, le petit Jean-Paul déclare que la mort se présentait à ses yeux comme une compagne familière : « À cinq ans : elle me guettait ; le soir, elle rôdait sur le balcon, collait son mufle au carreau » (p. 79). Si la présence de la mort reste indubitable, elle se manifeste néanmoins à travers une **série de métamorphoses** (forme animale, « vieille dame grande et folle », « excavation », « squelette très conformiste ») et elle surgit sans prévenir lorsque Jean-Paul écoute une chanson, lit une fable ou un conte : « cachée dans un conte de Mérimée, *La Vénus d'Ille*, elle attendait que je lusse pour me sauter à la gorge » (p. 80). Lorsqu'elle est palpable, au cimetière, la mort n'effraie pas l'enfant. En revanche, le fait qu'elle le surprenne dans d'autres situations lui revèle qu'elle est le signe d'un **arrière-monde menaçant** auquel donne accès la folie : « Il y avait un envers horrible des choses, quand on perdait la raison, on le voyait, mourir c'était pousser la folie à l'extrême et s'y engloutir » (p. 81). Atteint d'une « authentique névrose », l'enfant se sent attiré par l'effacement de sa propre existence mais, en vertu d'une logique paradoxale, il refuse toutefois de basculer dans la mort : « plus absurde est la vie, moins supportable la mort » (p. 81). Formulé comme **une sentence** avec une rigoureuse symétrie, le **paradoxe** renverse l'ordre du sens commun et prépare la voie future à un **existentialisme* humaniste**.

La vocation ratée

On sait que l'absence de père, au départ, est vécue par l'enfant comme une situation privilégiée à travers laquelle il fait l'expérience de sa liberté. Mais lorsqu'il prend conscience de la comédie généralisée qui contamine tous ses rapports avec autrui, l'autobiographe revient sur cette absence du père qui l'empêche de se situer clairement dans l'ordre du monde : « Un père m'eût lesté de quelques obstinations durables ; faisant de ses humeurs mes principes, de son ignorance mon savoir, de ses rancœurs mon orgueil, des ses manies ma loi, il m'eût habité ; ce respectable locataire m'eût donné du respect pour moi-même. Sur le respect j'eusse fondé mon droit de vivre ». On remarquera comment la phrase rend perceptible le **couple complémentaire** qu'auraient formé le père et le fils, avec ce déterminisme fondateur qui s'exprime à travers l'énumération, l'anaphore, le jeu des possessifs. En outre, le géniteur absent, l'enfant se trouve désemparé par l'**absence de programme** pour se forger un avenir. Enfin, il n'a pas d'héritage à attendre, ni de biens à quoi il puisse s'identifier en tant que possesseur d'une parcelle du monde : « M'eût-il [*mon père*] laissé du bien, mon enfance eût été changée ; je n'écrirais pas puisque je serais un autre » (p. 73). Mais avant de se choisir écrivain, l'enfant a été tenté par la vocation religieuse.

De fait, le petit Poulou, soumis à la comédie insupportable des adultes et de lui-même, se trouve aux prises avec l'ennui et l'angoisse, et la rencontre avec Dieu aurait dû se faire sans problème : « Dieu m'aurait tiré de peine : j'aurais été chef-d'œuvre signé ; assuré de tenir ma partie dans le concert universel, j'aurais attendu patiemment qu'Il me révélât ses desseins et ma nécessité » (p. 81). Le conditionnel à la forme composée, en exprimant l'irréel du passé, cache sans doute le secret désir que les choses se fussent passées ainsi car, du coup, l'enfant aurait tout recouvré : son statut de « merveille » (« chef-d'œuvre »), son origine rédimée par Dieu le Père (« signé »). Il aurait aussi retrouvé un rôle en harmonie avec autrui et le monde (image du « concert »), un programme et la nécessité de son existence. Mais Jean-Paul ne pouvait objectivement rencontrer Dieu.

Tout d'abord, on lui enseigne un Dieu officiel alors que son âme avait besoin d'une adhésion mystique : « je servais sans chaleur l'Idole pharisienne et la doctrine officielle me dégoûtait de chercher ma propre foi » (p. 81). Par ailleurs, la croyance en Dieu, dans la bourgeoisie de l'époque, se trouve prise dans un « lent mouvement de déchristianisation » (p. 82) et, par un renversement ironique, c'est l'incroyant qui passe « pour un maniaque de Dieu » car il « voyait partout Son absence » (*ibid.*). Dans le milieu auquel appartient le jeune Jean-Paul, la foi est faite d'indifférence mais on croit « par discrétion » (p. 82). Par ailleurs Charles, le luthérien, se gausse de tous les récits hagiographiques des saints catholiques et n'hésite pas à **renverser la spiritualité pour souligner le grotesque** : « Il racontait la vie de saint Labre, couvert de poux, celle de sainte Marie Alacoque, qui ramassait les déjections des malades avec la langue » (p. 83). La seule fois où Jean-Paul a le sentiment que Dieu existe, c'est lorsque ce dernier surprend l'enfant en train de « maquiller un forfait » (p. 85) ; Poulou considère alors cette irruption comme une indiscrétion et rabaisse la présence divine à celle d'un curieux ou d'un fâcheux : « L'indignation me sauva : je me mis en fureur contre une indiscrétion si grossière, je blasphémai, je murmurai comme mon grand-père : "Sacré nom de Dieu de nom de Dieu de nom de Dieu." Il ne me regarda plus jamais » (pp. 85-86). Le pouvoir des mots, à travers le blasphème, est patent puisqu'il permet d'**effacer le Dieu omnipotent et omniscient du christianisme**. La vocation religieuse s'effondre pour laisser place à la vocation littéraire, où les mots, pour le narrateur, prennent la place de Dieu.

Pages 92 à 112

RÉSUMÉ

À sept ans, le petit Jean-Paul prend conscience qu'il est un « laissé-pour-compte » et décide de réagir devant ce sentiment de dépression en se considérant comme un être « indispensable à l'univers ». Il se réfugie alors dans son imaginaire et affabule en s'inventant des histoires où il tient le premier rôle, celui du héros salvateur ; ces affabulations se présentent comme de très réguliers « exercices spirituels ». Le narrateur considère que cet héroïsme épique de son enfance est issu de la « déculottée de 1870 » face à l'Allemagne, qui faisait « de tous les enfants des vengeurs ».

Le narrateur évoque ensuite le rôle important joué par le cinéma dans sa petite enfance ; il s'y rendait avec sa mère et c'était devenu, dit-il, « notre besoin principal ». Il découvre dans la salle de cinéma un lieu où les hommes se trouvent « adhérer » les uns aux autres ; ce n'est que dans un camp de déportation allemand que le narrateur se souvient d'avoir vécu la même présence « sans recul de chacun à tous ». Comme il s'agissait de films muets, en noir et blanc, l'enfant communie avec les personnages et lie leur destinée à la musique que joue le pianiste de la salle. Aussi, dès que sa mère, chez lui, se met au piano, il entre dans la peau de personnages muets et invente des actions où il tient le plus souvent le premier rôle. Mais il sait aussi être le héros méprisé, que tout le monde rejette et qui « ressembl[e] comme un frère à l'enfant désœuvré » dans le bureau du grand-père ; toutefois, ce héros sombre se console de sa « gloire future ».

Par ailleurs, vers 1912-1913, Jean-Paul lit *Michel Strogoff* avec enthousiasme. Il apprécie moins le personnage qu'il trouve « trop sage » que le destin exemplaire qui se trouve concrétisé à travers sa mission et son rôle de messager. Mais les missions confiées par les princes et les tsars correspondent peu à l'idéal republicain inculqué à l'enfant par le grand-père et Jean-Paul se tourne alors vers Pardaillan, de Michel Zévaco.

Ainsi, grâce au cinéma et à ses lectures, l'enfant s'enferme dans une « bouderie imaginaire ». Mais lorsqu'il se rend au jardin du Luxembourg, il s'aperçoit que les autres enfants ne le regardent même pas ; ils le condamnent de « leur indifférence » et cette situation plonge Jean-Paul dans le malaise : « Ça ne tournait pas rond ».

COMMENTAIRE

L'expérience du cinéma

Pour Jean-Paul et sa mère, le fait d'aller au cinéma deviendra très vite une pratique régulière : tandis que les films stimulent l'imagination de l'enfant, la salle de cinéma, qui est en elle-même tout un univers, lui donnera une image de ce que peut être la communauté des hommes.

Au départ, le cinéma s'oppose résolument au théâtre. Ce dernier se présente en effet comme un art bourgeois qui introduit le cérémonial aristocratique de la cour sur la scène publique : « Les ors et les pourpres, les feux, les fards, l'emphase et les artifices mettaient le sacré jusque dans le crime ; sur la scène [*les spectateurs*] virent ressusciter la noblesse qu'avaient assassinée leurs grand-pères » (p. 98). Le décor luxueux souligné par la lumière et ses jeux, par l'énumération et les pluriels, permet au bourgeois de revivre une sorte de scène primitive, dans laquelle, par un **renversement ironique**, l'art de leur époque ressuscite la noblesse honnie de leurs ancêtres et semble consommer à chaque fois le régicide de 1793, en rapprochant le « sacré » et le « crime ». Par ailleurs, le théâtre se présente comme une image de la société partagée en classes et où règnent les clivages : « l'étagement des galeries leur offrait l'image de la société » (p. 98) ; « la hiérarchie sociale du théâtre avait donné le goût du cérémonial » (p. 101). Par là le théâtre souligne aussi que l'abolition des privilèges n'a pas aboli l'injustice sociale et ne fut, à bien des égards, qu'un leurre.

À l'opposé, le cinéma apparaît d'emblée comme un « art roturier » (p. 98) : « Né dans une caverne de voleurs, rangé par l'administration au nombre des divertissements forains, il avait des façons populacières qui scandalisaient les personnes sérieuses ; c'était le divertissement des femmes et des enfants » (*ibid.*). Remarquons ici les procédés qui donnent une **vision péjorative** de ce nouvel art qui venait de naître : le jeu métaphorique qui rapproche la salle de cinéma et une grotte obscure mal famée, aux antipodes du théâtre donc. Le point de vue administratif fait du cinéma un « divertissement » sans sérieux, auquel on refuse tout label culturel.

C'est en fait un art populaire rejeté par le sérieux de la bonne société bourgeoise (M. Simonnot n'y est jamais allé, p. 99), mais fréquenté par les esprits légers (la femme de M. Simonnot y va « quelquefois », *ibid.*). Pour le narrateur, cette immersion de l'enfant dans les salles de cinéma lui permet de saisir la **sociabilité primitive de l'homme** : « morte, l'étiquette démasquait enfin le véritable lien des hommes, l'adhérence. Je pris en dégoût les cérémonies, j'adorai les foules » (p. 101). Cette expérience issue des salles de cinéma est loin de correspondre à la vision péjorative qu'en a la bourgeoisie bien pensante. Le narrateur relie en effet cette expérience de l'enfance à une autre expérience de l'âge adulte qui donne, rétrospectivement, la **mesure de cette évidence enfantine** : « j'en ai vu de toute sorte mais je n'ai retrouvé cette nudité, cette présence sans recul de chacun à tous, ce rêve éveillé, cette conscience du danger d'être homme qu'en 1940, dans le Stalag XII D » (*ibid.*), c'est-à-dire dans un camp où les Allemands plaçaient les prisonniers de guerre. Dans cette phrase la volonté de persuasion se manifeste avec une particulière évidence à travers certains traits stylistiques : recours à l'expérience large du narrateur adulte et registre familier (« en voir de toute sorte »), garant ici d'une voix familière et non littéraire ; tension de la locution restrictive (ne...que) impliquée par l'éloignement du second élément ; forme de l'énumération où alternent segments brefs (« cette nudité », « ce rêve éveillé ») et segments longs, tandis que la phrase vient s'immobiliser sur un segment court qui reçoit toute l'accentuation, comme il est habituel dans le cas d'une cadence mineure*.

Le cinéma, tout en déployant un univers magique à travers l'image filmique, permet à Poulou d'éprouver tout un ensemble de sensations grossières, si bien qu'il apparaît comme un symbole de cette **vision verticale** de l'auteur-narrateur, déjà rencontrée (voir pp. 47-48), qui relie à la fois le monde supérieur et le monde de la quotidienneté : « des rangées de strapontins qui laissaient voir par en dessous, leurs ressorts, des murs barbouillés d'ocre, un plancher jonché de mégots et de crachats » (p. 100). On remarquera aussi que l'univers du cinéma s'est **introduit subrepticement dans le monde de la réalité**, et c'est comme s'il avait **toujours été là**. Le narrateur insiste à plusieurs reprises sur ce point. D'abord à travers la remarque objective d'un historien qui se moquerait du style historique : « Je défie mes contemporains de me citer la date de leur première rencontre avec le cinéma » (p. 98) ; puis en associant sa mère à sa propre expérience enfantine : « Quand nous nous avisâmes de son existence [*du cinéma*], il y avait beau temps qu'il était devenu notre principal besoin » (p. 99) ; enfin, lorsque le narrateur évoque une séance habituelle de cinéma à laquelle il assiste, il précise que « le spectacle était commencé » (*ibid.*). C'est dire que le cinéma faisait depuis toujours partie du monde de l'humain, qu'il y avait sa place depuis longtemps en tant qu'il est l'art de l'imaginaire ; ou, plus exactement, qu'il est **l'art qui suscite l'imaginaire**.

La magie du cinéma va en effet susciter l'intérêt de Jean-Paul dans la mesure où il s'agit d'un point de départ pour l'imaginaire : « le cinéma, c'était une apparence suspecte que j'aimais perversement pour ce qui lui manquait encore. Ce ruissellement, c'était tout, ce n'était rien, c'était tout réduit à rien : j'assistais au délire d'une muraille ; on avait débarrassé les solides d'une massivité qui m'encombrait jusque dans mon corps et mon jeune idéalisme se réjouissait de cette contraction infinie » (p. 102). **Art paradoxal** puisqu'il est à la fois tout et rien, la « contraction » du tout dans le rien, la réduction du monde à la fine pellicule. Vu de la sorte, le cinéma est un art de l'appel ou de la suggestion, d'autant plus que, à l'époque du muet, il sollicitait l'art impressif de la musique par lequel les héros vont pouvoir communiquer avec l'enfant : « c'était le bruit de leur vie intérieure » (*ibid.*). La vie même de ces héros se confondait avec le morceau joué au piano et « le chant ininterrompu » symbolisait leur destinée ; c'est par le biais de ce chant, enfin, que l'enfant parvenait à **s'identifier** à eux, en particulier par le léger décalage entre la musique et les scènes qu'elle annonce (p. 103).

Toutefois, à côté de cette dématérialisation de l'univers par le cinéma, il faut aussi signaler que le réel est lui-même présent dans la projection, qu'il fait partie de la magie même du cinéma : « au-dessus de nos têtes, un faisceau de lumière blanche traversait la salle, on y voyait danser des poussières, des fumées ; un piano hennissait, des poires violettes luisaient au mur, j'étais pris à la gorge par l'odeur vernie d'un désinfectant. L'odeur et les fruits de cette nuit habitée se confondaient en moi : je mangeais les lampes de secours, je m'emplissais de leur goût acidulé » (pp. 99-100). Le réel est ici présent par ses références à l'ordre des sens (surtout ceux qui sont les plus « intérieurs » : odeur, goût), et par ses impuretés mêmes qui se mêlent à une « lumière blanche », laquelle « habite » la nuit ; on se trouve alors en présence d'images qui, à bien des égards, relèvent du **religieux mystique**. Ainsi, là encore, se vérifie la dimension verticale du monde propre au narrateur, qui allie le réel le plus bassement concret et la lumière divine d'un monde supérieur.

Le héros glorieux

Comme l'enfant ne peut trouver sa place dans le monde, et dans la mesure où la « Comédie familiale » ne lui permet pas d'entrevoir une justification à sa propre existence, il se conçoit lui-même sur le **mode de l'irréel** et se construit, avec constance et méthode, une **scène où l'héroïsme tiendra lieu de justification et de nécessité** : « Tout se passa dans ma tête ; enfant imaginaire, je me défendis par l'imagination. Quand je revois ma vie, de six à neuf ans, je suis frappé par la continuité de mes exercices spirituels. [...] j'avais fait une fausse entrée, je me retirais derrière un paravent et recommençais ma naissance à point nommé, dans la minute même où l'Univers me réclamait silencieusement » (p. 94). L'important est de voir ici que l'enfant naît à point nommé dans la mesure où il doit tenir un rôle essentiel dans l'univers ; il se pense alors comme un *deus ex machina**, comme une **fonction** : « Je devins un héros ; je dépouillai mes charmes ; il n'était plus question de plaire mais de s'imposer » (pp. 94-95). Par l'imaginaire il corrige ainsi sa naissance injustifiée et il semble que la compensation fonctionne : « À l'instant, j'écartais le paravent, je faisais voler les têtes à coups de sabre, je naissais dans un fleuve de sang. Bonheur d'acier ! J'étais à ma place » (p. 95). On voit comment la labilité du monde imaginaire (« paravent ») trouve soudain consistance (« acier »), tandis que les verbes d'action multiplient la présence du Je et lui donnent finalement accès à l'être (« J'étais »).

Comme héros, Jean-Paul est aussi **le garant de l'ordre établi** : « assuré d'habiter le meilleur des mondes, je me donnais pour office de le purger de ses monstres ; flic et lyncheur, j'offrais en sacrifice une bande de brigands chaque soir » (p. 95) ; de même : « Des Messieurs – le maire, le chef de la police, le capitaine des pompiers – me recevaient dans leurs bras, me donnaient des baisers, une médaille... » (p. 96). La justification de l'existence passe par la reconnaissance sociale et par les représentants patentés de l'ordre établi. Cette offre de la personne à la France, s'explique, selon le narrateur, par la défaite de 1870 face aux Allemands : « L'agressivité nationale et l'esprit de revanche faisaient de tous les enfants des vengeurs » (p. 97). C'est ce **rayonnement noir** d'une défaite que l'enfant n'a pas connue, qui est ainsi à la racine de son « idéalisme épique ».

Héros fonctionnaire, héros sans nom, héros comme tous les enfants de cette époque, qui furent des « enfants de la défaite », il n'en reste pas moins que la gloire lui est conférée par le **regard social recomposé par l'imagination**.

Le héros mélancolique

Toutefois, le temps imaginaire est un temps mesuré et dépendant, et ces fictions de l'enfant se déroulent sur le mode du discontinu : « À cet instant je prononçais les mots fatidiques : "La suite au prochain numéro" – Qu'est-ce que tu dis ? demandais ma mère. Je répondais prudemment : "Je me laisse en suspens" » (p. 96).

Pour Jean-Paul, le vrai monde est devenu celui de l'imaginaire, tandis que le monde réel n'est que le lieu d'un suspens, d'une absence d'être. Mais en même temps – telle est la fragilité du monde imaginaire – l'enfant-héros sait très bien qu'il ne survivra pas « à sa victoire » et, dit-il, « j'étais trop heureux de la remettre au lendemain » (p. 97).

Par ailleurs, son expérience cinématographique et le rôle qu'y tient la musique permettent à Jean-Paul, lorsque sa mère joue du piano chez lui, de se retrouver dans l'**espace-temps de la fabulation**. On remarque alors qu'il est capable d'être le bon héros tout autant que le héros noir : « J'animais tous les personnages : chevalier, je souffletais le duc ; je tournais sur moi-même ; duc, je recevais le soufflet » (p. 105) – phrase où la symétrie des termes souligne l'aspect à la fois instantané et mécanique de ce changement. Mais, dans cette distribution, l'enfant élargit ses compétences et il en vient même à se proclamer héros contre l'ordre établi : « j'ai toutes les polices du royaume à mes trousses ; hors-la-loi, traqué, misérable, il me reste ma conscience et mon épée » (p. 106). Néanmoins, il est toujours **à la recherche d'une reconnaissance et d'une justification**, celle du tsar lorsqu'il lit *Michel Strogoff*, du roi, des magistrats...

Jean-Paul s'aperçoit alors que ses exploits imaginaires vont se structurer en fonction de ce qu'il vit réellement ; le monde rêvé se rapproche du réel comme le ferait une asymptote : « Ce moment me charmait : la fiction se confondait avec la vérité ; vagabond désolé, à la poursuite de la justice, je ressemblais comme un frère à l'enfant désœuvré, embarrassé de lui-même, en quête d'une raison de vivre, qui rôdait en musique dans le bureau de son grand-père » (*ibid.*). Cette superposition du rêvé et du vécu n'induit toutefois pas un amalgame : si c'est la fiction qui « se confon[d] » avec la vérité, il existe un regard objectif pour observer ce processus ; et lorsque le Je intervient dans la phrase, le sémantisme de « ressembler » et le choix d'une comparaison montrent qu'il n'est pas dupe de la fusion des deux mondes : « Quelle que fût la profondeur de mon rêve, jamais je ne fus en danger de m'y perdre » (p. 111).

Ainsi, le spectacle que Jean-Paul donnait jadis aux adultes s'est maintenant **intériorisé**. Il boude le monde et, dans son espace intérieur, il est devenu à la fois acteur et spectateur. S'il se modèle sur les héros littéraires ou cinématographiques, c'est pour trouver une justification à son existence ou – ce qui revient au même – pour se construire un destin qui soit aussi nécessaire qu'un morceau de musique. Il reste que la réalité entame sa « bouderie imaginaire » (p. 110) et que, pour les autres enfants du Luxembourg, il n'existe toujours pas.

DEUXIÈME PARTIE : « ÉCRIRE »

Pages 115 à 135

RÉSUMÉ

Tandis que l'enfant passe ses vacances à Arcachon, son grand-père Charles se met à lui écrire des lettres en vers. Après avoir appris les règles de la versification, Jean-Paul se met à lui répondre. Bientôt, par le biais de l'écriture, l'enfant croit avoir trouvé le moyen de matérialiser ses histoires imaginaires ; il devient donc un écrivain en herbe entre sept et huit ans mais ses premiers récits ne sont que des plagiats d'œuvres qu'il a lues. Son entourage applaudit devant ses premières tentatives mais Charles ne fait qu'y retrouver les mauvaises influences des journaux pour enfants.

Pourtant, à force d'écrire, l'enfant ose prendre de plus en plus de liberté. Tout en se réjouissant d'être toujours le héros d'une histoire, il prend conscience qu'il en est aussi le créateur tout-puissant qui décide de tout ; il fait donc l'essai de sa tyrannique liberté. Il s'effraie pourtant de certains récits qu'il peut lire dans les journaux mais il n'hésite pas à les imiter. Au vrai, ce ne sont que des bribes de récits et l'auteur-narrateur regrette de les avoir perdus au moment où il écrit car ils lui livreraient, dit-il, « toute son enfance ».

Bientôt son entourage prend cette vocation d'écrire au sérieux mais son grand-père lui fait entrevoir avec plus de lucidité la nécessité de s'orienter vers l'enseignement qui, au besoin, laisserait des loisirs pour écrire. Finalement Charles dessine l'avenir pour son petit-fils à la place du père absent mais, dans son for intérieur, il est probable que Charles cherchait en fait à détourner l'enfant du métier d'écrivain. Cependant c'est peut-être par là qu'il jeta le petit Jean-Paul dans cette carrière et le narrateur s'interroge à diverses reprises sur le rôle qu'a joué son grand-père dans cette affaire. Au fond il semble que cette vision de l'écrivain entrevue par l'enfant entre huit et dix ans se soit constituée en marge de ces « dialogues de sourds » qu'il avait avec son grand-père, et dont pourtant « chaque mot [le] marquait ».

COMMENTAIRE

Lire et écrire

Les dernières lignes de la première partie intitulée « Lire » faisaient le point de la situation du petit Jean-Paul et déclaraient non sans familiarité que pour lui « ça ne tournait pas rond ». On apprend alors que c'est l'intervention du grand-père qui va « sauver » l'enfant pour finalement le plonger « dans une nouvelle imposture » (p. 112). L'intérêt se trouve donc relancé par le titre de la seconde partie, symétrique à celui de la première ; mais si « Lire » était une activité sans implications particulières, il n'en va pas de même du fait d'« Écrire ». C'est maintenant l'activité même de l'apprenti écrivain qui se trouve **mise en question** et qui va être l'objet, là encore, d'une critique de type ironique.

Par ailleurs, on se souvient que l'absence du père avait obligé le grand-père Charles à intervenir dans l'éducation et l'instruction de son petit-fils. On peut remarquer maintenant que, dans le domaine de l'écriture, c'est le rapport à la langue maternelle qui fait problème et c'est la situation du grand-père vis-à-vis d'elle qui joue, là encore, le rôle essentiel : « la langue française l'émerveillait encore, à soixante-dix ans, parce qu'il l'avait apprise difficilement et qu'elle ne lui appartenait pas tout à fait » (p. 115). À chaque fois, le grand-père se présente comme un **médiateur**.

La découverte de l'écriture

L'enfant se met donc à vouloir écrire à la manière de son grand-père qui multipliait les occasions pour exercer son amour de la langue française : « j'écrivais par singerie, par cérémonie, pour faire la grande personne ; j'écrivais surtout parce que j'étais le petit-fils de Charles Schweitzer » (p. 116). On voit comment l'écriture, considérée habituellement comme le fruit de l'inspiration ou l'expression du génie, se trouve ici rabaissée (« singerie ») ou considérée comme un prétexte (« par cérémonie », « pour faire la grande personne »). L'ironie moqueuse du narrateur se porte en outre sur les productions du grand-père (p. 115) puis sur celles de l'enfant qui commence par écrire en vers ; d'emblée, Jean-Paul s'emploie à corriger les *Fables* de La Fontaine qu'il veut « récrire en alexandrins » (p. 116). Mais l'ironie moqueuse se mêle à la découverte fascinante de la magie de l'écriture car les « mots » pour l'enfant sont dotés de plus de réalité que le monde : ils sont « la quintessence des choses » (p. 117).

Dès lors, à travers le signe, c'est le référent qui est directement convoqué : « Rien ne me troublait plus que de voir mes pattes de mouche échanger peu à peu leur luisance de feux follets contre la terne consistance de la matière : c'était la réalisation de l'imaginaire. Pris au piège de la nomination, un lion, un capitaine du Second Empire, un Bédouin s'introduisaient dans la salle à manger ; ils y demeuraient captifs, incorporés par les signes ; je crus avoir ancré mes rêves dans le monde par les grattements d'un bec d'acier » (p. 117). L'écriture se présente à travers une matérialité (« luisance » de l'encre, « bec d'acier » qui « ancre » les « rêves dans le monde ») qui est sœur de la matière, et qui permet à l'imaginaire d'introduire sa trace dans la réalité. S'insinue aussi l'idée que les « mots » se révèlent comme une **contraction du monde** : une fois prononcés ils permettent au référent (« lion », « Bédouin »...) de se déployer en fonction des dimensions du lieu de leur réception (« salle à manger »).

Cette façon de capter le monde à travers les mots permet à l'enfant-écrivain d'éprouver une liberté plénière. Il oppose alors sa situation d'acteur de cinéma à celle d'écrivain qui lui a succédé : « Héros, je luttais contre les tyrannies ; démiurge, je me fis tyran moi-même, je connus toutes les tentations du pouvoir. J'étais inoffensif, je devins méchant » (p. 122). Encore une fois, le narrateur se plaît à souligner ironiquement les changements radicaux qui s'opèrent en lui, en les présentant selon des **antithèses quasi mécaniques**. Mais cette liberté et ce pouvoir de faire et de défaire des destins ont leur contrepartie. Jean-Paul lui-même se récrie devant les auteurs qui usent d'une telle liberté et qui font surgir de l'écriture «l'Autre Monde », c'est-à-dire l'univers fantastique : « J'eus peur de l'eau, peur des crabes et des arbres. Peur des livres surtout : je maudis les bourreaux qui peuplaient leurs récits de ces figures atroces. Pourtant je les imitai » (p. 125). Entre cette « peur » et cette « imitation » il y a le même rapport qu'entre le Je qui écrit et le Je du héros : « Auteur, le héros c'était encore moi, je projetais en lui mes rêves épiques. Nous étions deux, pourtant : il ne portait pas mon nom et je ne parlais de lui qu'à la troisième personne. Au lieu de lui prêter mes gestes, je lui façonnais par des mots un corps que je prétendis voir. Cette "distanciation" soudaine aurait pu m'effrayer : elle me charma ; je me réjouis d'être lui sans qu'il fût tout à fait moi » (p. 121). Cette liberté qui traduit la méchanceté et le sadisme, la frayeur jointe à la fascination, les bêtes fantastiques qui incarnent l'« ennui de vivre » de l'enfant, la dualité du Je, tous ces traits montrent que **l'acte d'écrire permet au sujet de se construire sur des bases qui lui avaient manqué jusqu'alors** : « Je commençais à me découvrir [...]. J'échappais à la comédie : je ne travaillais pas encore mais déjà je ne jouais plus, le menteur trouvait sa vérité dans l'élaboration de ses mensonges » (p. 126). On sent donc naître ici cette vocation d'écrivain dont un ensemble de procédés signale le statut précaire, comme la périphrase aspectuelle (commencer à), la modalité négative (« ne ... pas encore » / « déjà...ne... plus »), ainsi que la valeur de l'imparfait qui efface tous les repères temporels objectifs. En écrivant, l'enfant **se reconstruit à l'écart** du monde adulte, même si c'est pour découvrir un moi qui se limite à l'acte d'écrire, un **moi contracté** : « si je disais : moi, cela signifiait : moi qui écris » (*ibid.*).

L'éveil de la vocation
Au départ, cette vocation va être encouragée par tout le cercle de famille, voire par les amis. Le grand-père amorce cet éveil à l'écriture et lorsque l'enfant répond par un poème épistolaire, « par retour du courrier [il reçoit] un poème à [sa] gloire » (p. 116) de la part de Charles. Bientôt la « Comédie familiale » s'empare de cette nouvelle activité ; tous vont s'extasier devant l'enfant qui joue son rôle : « Tout destinait cette activité nouvelle à n'être qu'une singerie de plus. Ma mère me prodiguait les encouragements, elle introduisait les visiteurs dans la salle à manger pour qu'ils surprissent le jeune créateur à son pupitre d'écolier » (p. 119). Le mécanisme de la théâtralité semble s'installer, la mère jouant ici le rôle de metteur en scène. Mais l'attente déçue du grand-père (« outré de retrouver sous ma plume les "bêtises" de mes journaux favoris », p. 120), va **modifier l'attitude familiale** : après l'encouragement vinrent **l'indifférence et la dissuasion** ; Jean-Paul voit alors ses activités littéraires tomber dans « une semi-clandestinité » (*ibid.*). La dissuasion va être **stratégiquement organisée** par le grand-père mais elle va aboutir au **résultat contraire** à celui qu'elle se proposait.

Tout d'abord, pour éviter de heurter de front son petit-fils, le grand-père fait semblant d'accepter cette vocation d'écrivain ; il va jusqu'à faire des allusions dans ses discussions avec M. Simonnot (p. 127) et déclare face aux étudiants qu'il a invités chez lui que Jean-Paul « a la bosse de la littérature » (*ibid.*). Mais entre le « moi social » de Charles et son « moi profond », semble se découvrir un abîme : « au fond de sa pensée, dans un froid désert peu visité, je suis sûr qu'on savait à quoi s'en tenir sur moi, sur la famille, sur lui » (*ibid.*). À travers l'attitude du grand-père se dessine ici un regard impersonnel (« on »), en retrait, que l'enfant devine plus qu'il ne le perçoit, et qui se porte sur l'ensemble de la famille. Un regard tapi dans l'ombre, auquel rien n'échappe, qui sonde les cœurs et les reins, comme le regard divin, mais peu enclin à la mansuétude. À côté du grand père théâtral et « bouffon », il y a le grand-père patriarche, **à la fois impérieux, énigmatique et inquiétant**.

Charles va donc tenter de substituer un sacerdoce à l'autre, une vocation à une autre, en persuadant Jean-Paul de devenir un professeur plutôt qu'un écrivain. Tout d'abord, il s'agit pour Charles de combler une frustration à l'endroit des professeurs alsaciens qui « avaient fait des études irrégulières » et qui étaient maintenus « à l'écart de la communauté enseignante ». On entend la voix de l'enfant, comme une **voix palimpseste***, recouvrir celle de son grand-père : « Je serais leur vengeur, je vengerais mon grand-père : petit-fils d'Alsacien, j'étais en même temps Français de France ; Karl me ferait acquérir un savoir universel, je prendrais la voie royale : en ma personne l'Alsace martyre entrerait à l'École normale supérieure, passerait brillamment le concours d'agrégation, deviendrait ce prince : un professeur de lettres » (p. 128). Le champ lexical rend bien compte de la **mission historique** dont se sent investi l'enfant : « vengeur », « voie royale », « martyre », « prince ».

En outre, lors d'une conversation « d'homme à homme », rendue par le biais du discours indirect libre, on voit comment le grand-père souligne tous les avantages que procure le métier d'enseignant, surtout pour celui qui ambitionne de devenir écrivain : « la littérature ne nourrissait pas. Savais-je que des écrivains fameux étaient morts de faim ? Que d'autres pour manger, s'étaient vendus ? Si je voulais garder mon indépendance, il convenait de choisir un second métier. Le professorat laissait des loisirs ; les préoccupations des universitaires rejoignaient celles des littérateurs : je passerais constamment d'un sacerdoce à l'autre ; je vivrais dans le commerce des grands auteurs ; d'un même mouvement, je révélerais leurs ouvrages à mes élèves et j'y puiserais mon inspiration » (p. 129). Si le point de départ de la démonstration se veut plein de lucidité, le but est de piéger peu à peu l'enfant et de l'installer dans une situation qui fera de lui un « écrivain mineur », dont les écrits seront rassemblés dans « une plaquette qui serait publiée par les soins de [s]es anciens élèves » (*ibid.*). Dès lors, tout le passage que nous avons cité au discours indirect libre doit être lu de façon à souligner cette **duplicité du grand-père** : on peut y lire la préoccupation bourgeoise du métier qui se révèle sur une forme irrécusable, constante, quasi viscérale (« nourrir », « faim », « manger »). On voit aussi que le « second métier » serait en fait le premier, le seul aux yeux de Charles et qu'en outre, le professorat tel qu'il l'entend n'a plus rien à voir avec la littérature : on se souvient de sa propre culture de morceaux choisis. Enfin, le passage d'une activité à l'autre est présenté comme allant de soi (« passer constamment d'un sacerdoce à l'autre », « d'un même mouvement... ») alors que, entre la vision bourgeoise du professeur et l'artiste authentique, les barrières seront particulièrement difficiles à vaincre.

Mais la voix palimpseste ne répète pas simplement les paroles du grand-père ; elle les infléchit et les **retourne** : « il me jeta dans la littérature par le soin qu'il mit à m'en détourner » (p. 134). L'œuvre de Jean-Paul Sartre serait ainsi issue d'un programme qui échapperait à l'auteur, dont il serait dépossédé par son grand-père ; mais, dans le même temps, à la base de cette œuvre, on trouverait un malentendu : « ce serait farce : à plus de cinquante ans, je me trouverais embarqué, pour accomplir les volontés d'un très vieux mort, dans une entreprise qu'il ne manquerait pas de désavouer » (*ibid.*). On voit ainsi comment l'ordre négatif se retourne sur lui-même et trouve une réalisation positive, aboutissant à une œuvre reconnue.

Pages 136 à 156

RÉSUMÉ

Après ces interventions du grand-père, le petit Jean-Paul traverse un moment de dépression où il n'écrit plus, mais sa préoccupation reste de se sentir nécessaire dans le monde, d'éprouver le sentiment d'être attendu. Il en vient à remarquer que les écrivains, tels des chevaliers du Moyen Âge, avaient jusqu'alors été acclamés comme s'ils avaient affronté des dangers et rendu de grands services à l'humanité. Mais il observe bientôt que le monde dans lequel il vit a de moins en moins besoin de héros car, dans une démocratie bourgeoise, où le républicain a le « bonheur de vivre dans une république », les conflits – pense-t-il – ont déserté le monde et l'écrivain se retrouve en fait « au chômage ».

Devant cette contradiction, Charles tire à nouveau son petit-fils de l'embarras en lui inculquant l'idée toute religieuse que le monde est « la proie du Mal » et que l'humanité ne pourrait être sauvée que par le corps des clercs qui, en fréquentant les livres et les idées, assurerait sa rédemption. L'enfant s'invente alors des récits où il assume le rôle d'un grand écrivain méconnu, qui, au moment où la gloire vient de lui sourire, préfère rester dans l'anonymat.

COMMENTAIRE

L'ordre des renversements

L'approche du métier d'écrivain s'opère à travers une série de renversements de valeurs. On note d'abord que la citation de Chateaubriand (« Je sais fort bien que je ne suis qu'une machine à faire des livres ») qui entame cette séquence, insiste sur l'aspect mécanique de l'élaboration d'un ouvrage en laissant de côté la dimension de l'inspiration ; de ce fait, elle possède une valeur polémique et ironique dans le sens où elle renverse la hiérarchie des caractéristiques d'une œuvre. De même, l'œuvre littéraire future de Jean-Paul est présentée sous les traits du volumineux et du proliférant à travers « la malle aux cahiers » : « j'emportais donc la malle à Paris, je la faisais déposer par un commissionnaire à la maison d'édition » (p. 155).

Autre renversement significatif : l'importance du langage par rapport au monde réel ; écrire, c'était inventer et créer des êtres neufs qui se mettaient à vivre dans le monde, ou, inversement, les capturer. On voit, dans un cas comme dans l'autre, la **supériorité de l'écrit sur le vivant** : « Exister, c'était posséder une appellation contrôlée, quelque part sur les Tables infinies du Verbe ; écrire, c'était y graver des êtres neufs ou – ce fut ma plus tenace illusion – prendre les choses, vivantes, au piège des phrases : si je combinais les mots ingénieusement, l'objet s'empêtrait dans les signes, je le tenais » (p. 149). En somme il n'y a pas de monde sans la **médiation de l'écriture** : d'une part, elle est antérieure à son existence ; d'autre part, le monde est fait non seulement pour aboutir au Livre (comme le voulait Mallarmé), mais pour s'y réduire. On voit dans la seconde partie de la phrase comment une **stylistique de l'inclusion** mime ce monde piégé par l'écriture : périphrase encadrant le complément d'objet et rôle des virgules qui emprisonnent le qualificatif comme un oiseau dans une cage (« prendre les choses, vivantes, au piège des phrases »), mais aussi système hypothétique (« si je..., l'objet... ») complété par un commentaire conclusif en cadence mineure* (« je le tenais ») où le complément d'objet, encadré par le sujet et le verbe cette fois, simule l'objet prisonnier.

Le renversement ironique est aussi particulièrement clair lorsque le monde ne peut persévérer dans son être que dans la mesure où l'action de l'écrivain inconnu le sauve chaque nuit du **néant qui le menace** : « si j'ouvrais les yeux chaque matin, si, courant à la fenêtre, je voyais passer dans la rue des Messieurs et des Dames encore vivants, c'est que, du crépuscule à l'aube, un travailleur en chambre avait lutté pour écrire une page immortelle qui nous valait un jour de sursis » (p. 147). La logique du monde, à l'insu de tous, se trouve être ainsi dépendante du labeur d'un seul. Il est d'ailleurs intéressant de noter que les caractéristiques de ce travail d'écriture sont **paradoxales** puisque ce travail est à la fois modeste (« travailleur en chambre ») et glorieux (« page immortelle »).

Quant aux diverses **identifications** du petit Jean-Paul avec ses héros préférés, elles débouchent moins sur des renversements que sur des « oscillations » mais elles soulignent néanmoins diverses contradictions : ainsi, l'enfant se pose la question de savoir comment joindre « les certitudes de Michel Strogoff à la générosité de Pardaillan ? » (p. 141), ce qui revient à se demander s'il relève de la nécessité « qui justifie » ou de la liberté « qui exalte » ? (*ibid.*).

La religion de l'art

On a vu l'influence que le grand-père avait joué dans l'approche de la culture par l'enfant : grand-prêtre, officiant, il « avait gardé le divin pour le verser dans la Culture « (p. 145). Par ailleurs, la leçon que l'enfant tire des propos de Charles l'incite à ne plus voir dans la politique un domaine où l'artiste peut intervenir (« Bref, la politique française, à l'en croire, n'allait pas mal du tout », p. 145), et c'est donc à l'humanité entière qu'il faut s'intéresser. Ainsi, loin de se retrouver devant l'artiste ou l'intellectuel prêt à s'engager dans les luttes révolutionnaires (comme c'était le cas de Sartre au moment où il écrit *Les Mots*), on se trouve ici devant une vision de l'intellectuel ou de l'artiste petit-bourgeois, avant tout idéaliste, qui est assimilé à un clerc du Moyen Âge : le clerc est d'abord un lettré de l'Église qui sauve le monde par « la réversibilité des mérites » puisqu'il accède à la connaissance et à la Vérité, loin du monde, tandis que « les fauves du temporel » (p. 146) s'entretuent. Mais il faut alors souligner que, dans une perspective ironique, l'intellectuel ou l'artiste, assimilés à un clerc, n'appartiennent plus au monde des vivants mais à celui des morts : « Pour arracher l'espèce entière à l'animalité il ne fallait que deux conditions : que l'on conservât dans des locaux surveillés les reliques

– toiles, livres, statues – des clercs morts ; qu'il restât au moins un clerc vivant pour continuer la besogne et fabriquer les reliques futures » (*ibid.*). On voit à quel prix l'artiste ou l'intellectuel se coupe de tout engagement dans le monde : ces productions, isolées matériellement par des tirets, deviennent des reliques dans leur châsse, tandis que les clercs vivent dans un monde parallèle (« locaux surveillés »). Enfin, la mission de sauver l'humanité remonte à Dieu même à travers la médiation directe du Saint-Esprit (voir le dialogue p. 152).

Le narrateur ne manque pas de souligner le rôle de cette **mystification** à propos de son propre itinéraire intellectuel : « j'y croyais encore à vingt ans » (p. 146) ; « un nœud de vipères qu'il fallut trente ans pour dénouer » (p. 147).

Une satire de l'écrivain

Dans l'esprit de Jean-Paul, l'écrivain est celui qui parvient à la justification de son existence à travers la reconnaissance de l'humanité. L'écrivain, en effet, œuvrerait pour le bien de l'humanité et se trouverait assimilé au héros, au « chevalier errant ». C'est là une idée véhiculée par le Grand Larousse et le narrateur développe de manière satirique cette perspective en jouant sur l'**enchaînement hyperbolique** : « pour peu qu'il vécût longtemps, il finissait invariablement par recevoir une lettre d'un inconnu qui le *remerciait* ; à dater de cette minute, les remerciements ne s'arrêtaient plus, s'entassaient sur son bureau, encombraient son appartement ; des étrangers traversaient les mers pour le saluer ; ses compatriotes, après sa mort, se cotisaient pour lui élever un monument ; dans sa ville natale et parfois dans la capitale de son pays, des rues portaient son nom » (p. 138). Le déclenchement du processus apparaît nécessaire avec le temps (rôle de la modalisation adverbiale : « longtemps », « invariablement ») ; puis les glissements s'opèrent : de « remerciait » à « remerciements », soit de la mise en relief par soulignement, au pluriel concret qui multiplie les interventions ; ce sont ensuite les verbes et les propositions qui se succèdent, donnant à la phrase une allure volumineuse. Enfin, après sa mort, l'écrivain jouirait d'une sorte d'immortalité relative puisqu'il garderait une présence matérielle sur terre à travers un monument ou son nom : signes suprême de sa nécessité. Autre procédé satirique : la déploration de l'absence qui joue comme un **leitmotiv*** dans l'œuvre, depuis qu'elle a été utilisée à propos de Monsieur Simonnot (p. 76 ; voir aussi p. 95 : « Il y a quelqu'un qui manque ici : c'est Sartre ») : « Il y a quelqu'un qui manque ici : c'est Dickens ! » (p. 138-139). On peut voir un procédé satirique dans la **mise en scène de l'impatience publique** vis-à-vis de l'écrivain potentiel, qui se traduit par une intervention familière au discours direct : « Il prend son temps, celui-là ! Voici vingt-cinq ans qu'on le nourrit à ne rien faire ! Allons-nous crever sans l'avoir lu ? » (p. 140), expression de type oral qui fait résolument descendre l'écrivain de son piédestal pour en faire un homme qui doit rendre des comptes, qui se doit à son public (« J'étais requis ! », p. 139).

Pages 156 à 170

RÉSUMÉ

À travers la représentation qu'il se fait de l'écrivain célèbre, le petit Jean-Paul en vient à penser que ce désir de gloire ne fait que dissimuler un refus de la vie ou exprime – ce qui revient au même – une façon de se faire pardonner son existence. En outre, en écrivant, il deviendra un autre, et d'abord sous forme de volumes à disposition des lecteurs. Enfin, le fait de devoir écrire une œuvre délivre de la mort le futur écrivain qu'il est, car il a la certitude de pouvoir écrire toute son œuvre avant de mourir. Il conçoit ainsi sa vie comme un programme achevé ; il vit son présent et entrevoit son avenir comme celui d'un grand homme défunt : « entre neuf et dix ans, je devins tout à fait posthume » (p. 162). Il revoit alors les moindres détails de sa vie d'enfant comme des signes prémonitoires de sa vocation littéraire.

Mais, malgré cette foi en lui qui lui est largement inspirée par la famille, il reste incapable, à son âge, de voir clairement les signes annonciateurs de cette gloire ; il reste un « enfant d'intelligence moyenne ».

COMMENTAIRE

La réversibilité ironique

Dans la mesure où l'enfant se projette comme un écrivain ayant déjà accompli son œuvre, il s'ensuit une série de réversibilités qui relève de l'ironie. La médiation de la vie par l'écriture installe un cercle vicieux entre naissance et mort : « que je meure pour renaître à la gloire, que la gloire vienne d'abord et me tue, l'appétit d'écrire enveloppe un refus de vivre » (p. 156). Il y a donc une aspiration à la mort, impliquée par l'acte d'écrire ; mais, en même temps, la certitude de remplir une mission et de parvenir au terme d'une œuvre fait que Jean-Paul se mithridatise contre la mort accidentelle ; son rendez-vous à lui est pris avec la Mort, celle qui respecte l'accomplissement de l'écrivain : « Mort d'honneur, c'était ma mort qui me protégeait contre les déraillements, les congestions, la péritonite : nous avions pris date, elle et moi » (p. 161). Ainsi se pense-t-il, paradoxalement, comme « immortel » (p. 160).

C'est ensuite l'ordre chronologique qui se trouve renversé car l'enfant se perçoit comme un vieillard défunt, avec des « yeux futurs » et, comme ce regard se trouve médiatisé par la gloire, le Je en profite alors pour revaloriser subrepticement sa propre vie qui lui était apparue au départ « fastidieuse » : « je choisis pour avenir un passé de grand mort et j'essayais de vivre à l'envers » (p. 162). Ce point de départ positionné non pas à l'initiale mais au terme de toute chose devient alors une constante et, comme d'habitude, Charles se trouve impliqué dans cette vision du monde de l'enfant : « Ce n'est pas entièrement ma faute : mon grand-père m'avait élevé dans l'illusion rétrospective » (*ibid.*). Par ailleurs toute vie de grand homme ou de grand écrivain se lit comme un destin, c'est-à-dire que « dans une vie terminée, c'est la fin qu'on tient pour la vérité du commencement » (p. 163). Or ce qui est d'une extrême importance pour comprendre le sens des *Mots* de Sartre, c'est de remarquer précisément que **l'auteur a évacué toute trajectoire finale** et qu'il localise tout le texte autobiographique au début de sa vie, cherchant à renverser l'illusion à laquelle il a cru pendant longtemps. Enfant, il s'était construit, par anticipation, un destin, dans la mesure où tout commençait par la fin : « Je pris le temps, je le mis cul par-dessus tête et tout s'éclaira » (p. 164) ; mais le narrateur-auteur qui écrit *Les Mots* fait l'inverse : il retrouve le temps de l'enfance pour dénouer les mystifications et les aliénations et **il défait son destin** pour **renouer avec sa liberté perdue**.

La littérature comme fantasme

Dans l'imaginaire de l'enfant la représentation de l'écrivain prend plusieurs figures qui se succèdent ou se superposent : écrivain-héros (pp. 137-143), écrivain-martyr (pp. 145-154), écrivain-bourgeois (pp. 156-170), ce dernier type étant une sorte de compromis entre « le prince et le cordonnier » (p. 170) ; l'ensemble forme autant d'avatars qui posent le **problème des rapports entre la littérature et la mort**. L'écriture permet en effet la transfiguration d'un homme en œuvre. L'intérêt est qu'ici l'enfant **prend le sens figuré au sens propre** et qu'il se représente littéralement métamorphosé en une série d'ouvrages : « Moi : vingt-cinq tomes, dix-huit mille pages de texte, trois cents gravures dont le portrait de l'auteur. Mes os sont de cuir et de carton, ma chair parcheminée sent la colle et le champignon, à travers soixante kilos de papier je me carre, tout à l'aise » (p. 158) ; on voit comment les deux-points simulent une équivalence : le « moi » se traduit en chiffres, en objets multiples, pondérables ; le processus est rendu vraisemblable par l'intermédiaire de la représentation photographique. La métamorphose physique relève du **burlesque*** dans la mesure où elle renverse l'image du grand écrivain et dépasse le stade de la mise à nu ; à bien des égards, il s'agit même d'une mise au tombeau. Mais le burlesque n'en traduit pas moins l'ordre métaphysique car c'est à travers le livre-tombeau, conçu comme mémoire d'outre-tombe, que la mort se transforme en vie : « je me carre, tout à l'aise » insiste sur ce confort nécessaire pour affronter l'éternité. À travers cette vision fantasmatique du livre l'auteur acquiert, d'une part, la **pérennité de la matière** et, d'autre part, l'**omniprésence de sa conscience**. Son esprit en effet se trouve disséminé, sa « conscience est en miettes » (p. 159), et c'est naturellement par autrui qu'il reçoit cette omniprésence : « On *me* lit, je saute aux yeux ; on *me* parle, je suis dans toutes les bouches » (*ibid.*).

L'élargissement de la vision autobiographique

Une période relais entre l'enfance et l'âge adulte fait alors clairement son apparition et dépasse la brève intervention du narrateur : sont en effet évoquées ici, d'une manière plus continue, les années de formation de Sartre (pp. 160-162) et, en particulier, celles passées « à l'École normale » avec ses amis Nizan et Maheu. L'irruption de cette période contraste avec une autobiographie qui jusqu'à présent s'était ancrée résolument dans les dix premières années de l'enfance. Il y a ici comme une échappée qui s'opère à la faveur d'un thème central : la mort et son dépassement par la littérature. Mais on sait que pour Sartre autobiographe, il s'agit d'une mystification (« Moi, je me mentais », p. 161) et cette incursion dans ses années de formation signale que la mystification a duré fort longtemps. En évoquant l'attitude de son ami Nizan face à la vie, Sartre souligne son propre retrait, et peut-être un manque à exister que, discrètement, il semble regretter : « Nizan regardait, à vingt ans, les femmes et les autos, tous les biens de ce monde avec une précipitation désespérée : il fallait tout voir, tout prendre tout de suite. Je regardais aussi, mais avec plus de zèle que de convoitise : je n'étais pas sur terre pour jouir mais pour faire un bilan » (*ibid.*). En ce qui concerne Nizan, on remarque les procédés qui expriment la densité d'une existence liée à l'urgence, à une fureur de vivre : répétition des indéfinis marquant la totalité (« tous » / « tout »), rôle des compléments d'objet pluriels (« femmes », « autos », « biens »), marques temporelles (« vingt ans », « précipitation », « tout de suite »), tandis que le Sartre de cette époque possédait une vision moins absolue du fait d'exister, plus réflexive (expression de la nuance : « mais » ; « ne...mais... »), et conçue dans un temps déjà accompli (motif du « bilan »).

La **ductilité** avec laquelle s'opèrent, dans *Les Mots*, les changements de perspective temporelle, impose, comme par glissement, l'élargissement de la vision autobiographique : commentaire au passé simple sur l'attitude de l'enfance (« ce tour de passe-passe réussit », p. 159) ; apparition du Je de l'énonciation (« À l'heure où j'écris ces lignes... », *ibid.*) ; renversement des âges entre le Sartre qui écrit *Les Mots* et ses amis jeunes : « Il m'arrive de laisser entendre à mes proches – dont certains ont quinze, vingt, trente ans de moins que moi – combien je regretterais de leur survivre » (*ibid.*) ; enfin, retour à l'enfance-repère (« à l'âge de neuf ans ») pour mieux ancrer les années de formation (« Dix ans plus tard... »).

Pages 170 à 186

RÉSUMÉ

Le narrateur poursuit la description et l'analyse qu'il fait de sa « névrose » et signale que le petit Jean-Paul qu'il était alors devint « tout à fait fou ». L'entrée en guerre de la France en 1914 lui redonne un contexte tangible pour ses exploits héroïques : il se met à écrire, oriente la guerre selon sa vision personnelle, qui ne correspond pas à la réalité et, pour la première fois, il relit ce qu'il a écrit pour finalement abandonner ses tentatives littéraires. Mais il se met surtout à éprouver une sensation de dédoublement lorsqu'il bavarde avec sa mère, avec qui il entretient une étroite connivence.

Un second événement important de cette époque, qui accroît sa « folie », fut son entrée au petit lycée Henri-IV en octobre 1915. Entrée difficile au départ, mais le petit Jean-Paul s'habitue « à la démocratie » de l'enseignement et devient assez bon élève. À cette époque il déclare vivre deux vies : en famille, il continue la comédie habituelle tandis que, à l'école, il se « lav[e] de la comédie familiale », voulant s'intégrer au groupe de camarades et découvrait sa « nécessité » ; le monde vrai des enfants se trouve pourtant contaminé par les interventions des adultes. Mais le souvenir d'un jeune camarade nommé Bénard, mort à cette époque, marque le jeune Jean-Paul, à quoi s'ajoute l'arrivée en classe d'un nouveau, Paul-Yves Nizan, qui est le « sosie » de Bénard. D'emblée le jeune Jean-Paul est intéressé par Nizan mais ils ne devaient devenir amis que beaucoup plus tard.

COMMENTAIRE

La folie et le thème du double

Alors que le moi superficiel du petit Jean-Paul semble se rapprocher de la « normalité » (« L'ex-Pardaillan recevait tous les trimestres des bulletins de santé satisfaisants », p. 170), on observe une **dramatisation inattendue du récit autobiographique** concernant le moi profond : « Deux événements, l'un public et l'autre privé, m'avaient soufflé le peu de raison qui me restait » (*ibid.*).

Le premier événement concerne l'entrée en guerre de la France en 1914, lequel **démonétise le statut de l'héroïsme** qui était en vigueur dans les revues et les romans que lisait le petit Jean-Paul : « j'enrageais : ce que je préférais dans l'héroïsme d'avant-guerre, c'était sa solitude et sa gratuité […]. Et voilà que tout d'un coup, leurs auteurs m'avaient trahi : ils avaient mis l'héroïsme à la portée de tous ; le courage et le don de soi devenaient des vertus quotidiennes » (p. 173). L'enfant se décide alors à reprendre sa plume pour restituer à l'héroïsme ses lettres de noblesse, mais son roman de la guerre est démenti par les événements réels : « en ce mois d'octobre malencontreux j'assistai, impuissant, au télescopage de la fiction et de la réalité » (p. 174). Déçu de ne pas pouvoir faire plier la réalité, Jean-Paul transforme l'échec de sa tentative littéraire en un « babil » dont sa mère est l'auditrice privilégiée. Ce bavardage, sorte de langue automatique, devient très vite **irrépressible** et, dans la mesure où l'enfant tente de répéter à haute voix ce bavardage intérieur, il devient un **personnage dialogique et polyphonique** : « Cela commençait par un bavardage anonyme dans ma tête : quelqu'un disait : "Je marche, je m'assieds, je bois un verre d'eau, je mange une praline." Je répétais à voix haute ce commentaire perpétuel : "Je marche, maman, je bois un verre d'eau, je m'assieds" » (p. 177). Entre le bavardage de fond et ce que Jean-Paul répète effectivement, il y a des écarts qui favorisent l'impression de dédoublement de la personnalité : « Je crus avoir deux voix dont l'une – qui m'appartenait à peine et ne dépendait pas de ma volonté – dictait à l'autre ses propos ; je décidais que j'étais double » (*ibid.*). Ce dispositif de dédoublement est toutefois marqué par une **distanciation de type humoristique** (« je décidais que... »).

L'autre événement est lié à l'espace du lycée qui se définit avant tout comme un espace opposé à celui de la famille : là encore est à l'œuvre un **dédoublement**, facteur de la folie. Tandis qu'à la maison Poulou continue « de singer l'homme », avec ses camarades, « homme parmi les hommes, dit-il, je sortais du lycée en compagnie des trois Malaquin, Jean, René, André, de Paul et de Norbert Meyre, de Brun, de Max Bercot, de Grégoire, nous courions en criant sur la place du Panthéon, c'était un moment de bonheur grave : je me lavais de la comédie familiale » (p. 180). Jean-Paul mène ainsi « deux vies » opposées.

On remarquera un autre dédoublement, qui ne concerne plus Jean-Paul, mais qui n'en est pas moins troublant, dans la mesure où il le déstabilise profondément. Un jour son camarade Bénard, décédé depuis peu, entre en classe sous les traits d'un nouvel élève nommé Nizan : « Bénard entra, escorté du concierge, salua M. Durry, notre professeur et s'assit. Nous reconnûmes tous ses lunettes de fer, son cache-nez, son nez un peu busqué propres marques masculines : « nous ne fîmes plus, Anne-Marie et moi, qu'une seule jeune fille effarouchée qui bondit en arrière » (*ibid.*). Le couple fusionne ici sans doute pour la dernière fois et manifeste une réaction de frayeur, primaire et sauvage (bondir), face aux avances civilisées du désir. Certes l'enfant restera proche de sa mère (« cet incident resserra nos liens »), mais l'heureuse complicité antérieure aura disparu dans la mesure où, dorénavant, il s'agira d'être en alerte permanente vis-à-vis du monde : « je trottinais d'un air dur, la main dans la main de ma mère et j'étais sûr de la protéger » (*ibid.*). Apparaît ici la hantise de perdre sa mère en même temps que la justification de cette crainte à travers les brèves allusions au remariage d'Anne-Marie (pp. 19 et 74).

Pages 186 à 206

RÉSUMÉ

Le narrateur se penche à nouveau sur la manière dont il concevait sa vie lorsqu'il était enfant, en insistant sur le fait qu'il se sentait « prédestiné » et qu'il faisait tout pour ignorer les contingences : tout se produisait pour aboutir à un livre, même ses coryzas entraient dans ce programme. Dans cette perspective, le temps n'était pas envisagé comme un lent déroulement mais comme une succession d'instants crépitants.

Sartre narrateur parle de son passé qui l'intéresse moins que le présent et encore moins que l'avenir ; concernant son œuvre, par exemple, il pense que son dernier livre sera un chef-d'œuvre. Certains événements lui laissent penser au contraire qu'il se répète, qu'il ne progresse plus, et l'ennui ne cesse de le menacer : mais, dit-il, « je me truque pour ressentir encore, malgré le vieillissement qui me délabre, la jeune ivresse de l'alpiniste ».

Puis, dans un dernier mouvement de type réflexif (pp. 201-206), le Sartre adulte analyse les causes premières de ces contradictions dans lesquelles il s'est trouvé empêtré pendant « trente années » : la littérature s'est présentée à lui comme une religion travestie, où la « Foi des autres » s'était substituée à Dieu. Le salut était lié à l'écriture et la croyance consistait à confondre « les choses avec leurs noms ». *La Nausée* exprime l'impossible justification de l'existence alors que, en l'écrivant, l'auteur justifiait ironiquement sa propre existence.

Enfin, après avoir annoncé une suite possible à cette autobiographie, Sartre précise qu'il se sent comme « un homme qui s'éveille », et qui se défait lentement de sa névrose, mais il avoue toutefois continuer à écrire en considérant que la littérature offre un nécessaire « miroir critique » de l'homme. Il reconnaît à cette névrose une dernière vertu : celle de l'avoir tenu à l'écart du sentiment d'appartenir à l'élite, et, au contraire, de lui avoir donné l'énergie de réussir par la foi dans le travail.

COMMENTAIRE

Le système de clôture

La fin des *Mots* se présente de manière problématique dans la mesure où le récit de l'enfance s'achève à « l'automne de 1916 » (p. 186). Jean-Paul n'a que onze ans, et on sait qu'en 1917 sa mère se remarie, que la famille s'installe à La Rochelle et que l'enfant fréquente le lycée de cette ville (p. 203). Il est donc essentiel de considérer la façon dont l'écrivain justifie cette interruption.

Tout d'abord il ne s'agit pas d'une interruption brusque : de brèves incursions dans le futur, une évocation des années de formation, ont préparé le lecteur. Par ailleurs, si l'on envisage la conception du temps vécu proposée dans *Les Mots*, il s'agit d'une époque conçue comme une continuité depuis la naissance de Jean-Paul jusqu'à l'époque où il écrit *La Nausée*, où il devient vraiment un écrivain reconnu : cette époque forme un tout et le narrateur précise que c'est après qu'il a « changé » (p. 204).

Toutefois, il déclare que ce changement fera l'objet d'une suite ; aussi sa prise de congé se présente-t-elle sous forme d'annonce : « Je raconterai plus tard quels acides ont rongé les transparences déformantes qui m'enveloppaient, quand et comment j'ai fait l'apprentissage de la violence, découvert ma laideur – qui fut pendant longtemps mon principe négatif, la chaux vive où l'enfant merveilleux s'est dissous – par quelle raison je fus amené à penser systématiquement contre moi-même au point de mesurer l'évidence d'une idée au déplaisir qu'elle me causait » (p. 204). En somme, on a là le résumé d'une continuité autobiographique qui n'est pas venue de façon formelle, comme une suite logique aux *Mots*, et qui aurait dû être marquée surtout par la prise de conscience d'une dégradation de l'être dans son apparence (car le petit Jean-Paul est passé de la beauté à la laideur, voir p. 87). Ce dont rend compte tout un champ lexical : « acides », « rongé », « déformantes », « principe négatif », « chaux vive », « dissoudre », sont autant de termes qui renvoient à un **processus chimique à la fois obscur et irrépressible**. L'équivalence proposée entre « la violence » et « ma laideur » signale les souffrances de l'enfant, son désir de s'effacer lui-même (« penser systématiquement contre moi-même ») et d'opposer le néant à l'être. Il faut donc noter cette impossibilité de continuer à garder la distance ironique en parlant de soi sous l'angle de l'apparence physique, car ce paraître retentit jusqu'au fond de l'être au point de vouloir le néantiser.

On remarquera par ailleurs que, durant toute cette époque, qui comprend l'enfance puis les années de formation et l'âge adulte (jusqu'à *La Nausée*), le personnage-narrateur possède une **vision temporelle de type fantasmatique,** marquée par **la totalité et la réversibilité** : « J'étais le corpuscule au début de sa trajectoire et le train d'ondes qui reflue sur lui après s'être heurté au butoir d'arrivée. Rassemblé, resserré, touchant d'une main ma tombe et de l'autre mon berceau, je me sentais bref et splendide, un coup de foudre effacé par les ténèbres » (p. 198). Les images recourent maintenant à la **physique de type ondulatoire** (« corpuscule », « onde », « trajectoire »...), relayées par un fond d'images poétiques plus traditionnel (« coup de foudre », « ténèbres ») ; ici, science et poésie ne s'opposent pas mais établissent un espace des possibles qui s'opposent à notre expérience quotidienne (« refluer sur lui-même ») en évoquant surtout la **totalité du temps vécue dans l'immanence**. À ce point, le motif de la vitesse est utilement commenté par le narrateur (p. 188) : il y voit surtout une cinétique de l'« arrachement » qui lui permet d'esquiver le poids du présent : « depuis lors j'ai couru, je cours encore » (*ibid.*). Enfin, la fente de ce présent (« mon étrave fendait le présent et m'en arrachait », p. 188) signale la possibilité d'un nouveau dédoublement mais aussi, paradoxalement, la représentation d'une clôture temporelle qui se ménage une ouverture pour constater de l'extérieur, objectivement, sa parfaite obsidionalité* : « je regardais ma vie à travers mon décès et ne voyais qu'une mémoire close dont rien ne pouvait sortir, où rien n'entrait » (p. 189). Vis-à-vis de cette névrose de la littérature, l'écriture des *Mots* permet à Sartre de s'inscrire à la fois à l'intérieur (évocation de l'enfance) et à l'extérieur (rôle du narrateur), d'évoquer et de contester en même temps. Par là s'explique le rôle de l'ironie qui peut à la fois justifier et subvertir la littérature. Car enfin : « J'ai désinvesti mais je n'ai pas défroqué : j'écris toujours. Que faire d'autre ? » (p. 205).

Du point de vue formel on notera que les dernières lignes du livre font des allusions claires aux premières lignes des *Mots*, que la spirale de l'écriture passe par des points semblables. Lorsque l'on entend les paroles de la grand-mère Louise pour la première fois (« Glissez, mortels, n'appuyez pas ! », p. 13), nous nous trouvons dans un contexte où s'exprime la légèreté des mœurs et des sentiments ; lorsque la même phrase est reprise au terme des *Mots* (p. 206), elle se trouve mise en valeur par le blanc de la page, et surtout elle vient ponctuer un ensemble de réflexions philosophiques d'une plus haute portée, comme un point d'orgue, un silence introduisant à une philosophie supérieure mais indicible et pour laquelle les mots sont peut-être inadéquats. Même processus pour l'expression « tout un homme » qu'on rencontre en tête de la dernière phrase des *Mots* et qui reprend une expression qui avait servi à définir, au début, le père absent : « Aujourd'hui encore, je m'étonne du peu que je sais sur lui. Il a aimé, pourtant, il a voulu vivre, il s'est vu mourir ; cela suffit pour faire tout un homme » (p. 19). Cette **réactivation du sens** des expressions, qui est une constante du style des *Mots*, permet à l'œuvre de se clore finalement sur elle-même malgré cette tension qu'elle porte en elle pour annoncer un livre à venir.

Autocritique et ironie

Le regard critique que Sartre porte sur sa « névrose » littéraire relève de l'ironie. Plusieurs procédés de type ironique peuvent être relevés, comme la dualité contradictoire qui fait de l'individu Jean-Paul une **impossibilité en action** : « je me tendis à craquer entre ces deux extrêmes, naissant et mourant à chaque battement de cœur » (p. 187) ; ou encore « la double appartenance confessionnelle » (protestant et catholique) qui se neutralise en lui et l'empêche de croire (p. 202). Jean-Paul voit aussi s'exprimer en lui une contradiction, non plus immanente comme précédemment, mais de type successif ; le narrateur n'hésite pas alors à jouer finement avec des catégories morales habituellement respectées : « Je devins traître et je le suis resté : j'ai beau me mettre entier dans ce que j'entreprends [...], dans un instant je me renierai, je le sais, je le veux et je me trahis déjà, en pleine passion, par le pressentiemnt joyeux de ma trahison future » (p. 193).

Enfin, se rencontre toujours à l'œuvre la figure du renversement ironique qui vise à déstabiliser le sens commun et à mettre en mouvement de nouvelles valeurs. Cette figure est une constante du jeune Sartre aussi bien que du Sartre autobiographe, elle s'exprime dans l'espace interne de l'œuvre comme dans l'anecdote du Luxembourg : « Anne-Marie m'a prié de me reposer près d'elle parce que j'étais en nage, pour avoir trop couru. Tel est du moins l'ordre des causes. Je m'ennuie tant que j'ai l'arrogance de le renverser : j'ai couru parce qu'il *fallait* que je fusse en nage pour donner à ma mère l'occasion de me rappeler » (p. 198). Mais le renversement est aussi à l'œuvre dans **l'espace intertextuel** des *Mots* avec d'autres textes autobiographiques. Ainsi, Rousseau avait justifié l'écriture des *Confessions* en soulignant, en tête du livre premier, le caractère unique de sa personnalité (« Je ne suis fait comme aucun de ceux [*les hommes*] que j'ai vus ; j'ose croire n'être fait comme aucun de ceux qui existent »). Sartre semble lui répondre dans les dernières lignes des *Mots*, mais il renverse la perspective rousseauiste en se saisissant, sous forme de bilan, comme un **homme ordinaire** : « Si je range l'impossible Salut au magasin des accessoires, que reste-t-il ? Tout un homme, fait de tous les hommes et qui les vaut tous et que vaut n'importe qui » (p. 206). Par là ce sont aussi les fondements de l'autobiographie qui sont renversés : l'écriture n'implique pas forcément le « Salut » ; l'homme d'exception serait une illusion que le narrateur dissout grâce à une **rhétorique de l'indéfini** (adjectifs et pronoms indéfinis, « tout », « n'importe qui » ; article indéfini ; jeu entre le singulier et le pluriel ; succession des pronoms qui tend à l'anonymat, voire à l'effacement du représenté).

Synthèse littéraire

L'AVÈNEMENT AUTOBIOGRAPHIQUE

S'il existe un espace autobiographique dans l'œuvre sartrienne, que l'auteur a progressivement élargi et qui est aujourd'hui constitué par de nombreux documents (lettres, carnets, interviews...), lors de la parution des *Mots*, l'intérêt de Sartre pour les souvenirs d'enfance a étonné le public. On a pu expliquer, à juste titre, cet intérêt par le fait que Sartre avait dépassé une étape intellectuelle : il s'est en effet rallié au marxisme et s'est persuadé que l'enfance et la famille, « médiation entre la classe et l'individu », sont un domaine privilégié pour l'application des méthodes marxistes, combinées avec celles de la psychanalyse. Dès lors l'enfance retient Sartre, parce qu'elle constitue le lieu crucial des aliénations, des déterminations sociales et des mystifications » (J. Lecarme, « *Les Mots* de Sartre », *RHLF*, p. 1047). Selon Sartre lui-même c'est « l'atmosphère de l'action », immanente au Parti communiste, qui lui a permis de voir clair dans la névrose qui dominait son œuvre antérieure, et qui l'amenait à considérer la littérature comme un absolu. Enfin, il est important de signaler que l'expérience de la Seconde Guerre mondiale a aussi été déterminante pour un petit bourgeois intellectuel né en 1905. Sartre, parlant de lui-même à la troisième personne dans une interview, déclare : « Il fut le jouet d'une mystification jusqu'au matin de découvrir que l'on pouvait devenir le jouet des circonstances : un matin de 1939 où vous tombent sur les épaules un uniforme, un numéro de matricule et l'obligation de remplir un "engagement" que d'autres auront signé pour lui. Dès lors il décidera de s'engager tout seul » (passage cité dans *Les Écrits de Sartre*, p. 386 ; voir Bibliographie). Une série de prises de conscience, issues de l'action et du vécu, désancrent ainsi l'individu de ses certitudes bourgeoises.

L'autobiographie *Les Mots* raconte ainsi cette période de formation de Jean-Paul où dominent le **subjectivisme** et l'**esthétisme** bourgeois. Dans la mesure où Sartre est parvenu à se déprendre de sa névrose et de cette idéologie, tout en ayant pu se justifier et se réaliser en partie grâce à elle, il précisera très finement dans une déclaration : « Voyez-vous, il y a deux tons dans *Les Mots* : l'écho de cette condamnation et une atténuation de cette sévérité. Si je n'ai pas publié cette autobiographie plus tôt et dans sa forme la plus radicale, c'est que je la jugeais excessive. Il n'y a pas de raison de traîner un malheureux dans la boue parce qu'il écrit » (*Les Écrits de Sartre, op. cit.*, p. 387).

L'ARRIÈRE-PLAN DE LA GUERRE

En amont, on remarquera que l'autobiographie s'ouvre par l'évocation des arrière-grands-parents aux alentours de 1850. Mais pour cette famille Schweitzer, d'origine alsacienne, c'est en 1870 que se situe le moment crucial, puisque la victoire de l'Allemagne obligeait Alsaciens et Lorrains à opter pour l'une des deux nationalités et, dans le cas où ils voulaient rester Français, à quitter leur région natale annexée par les Allemands. On a ici le point de départ de cette mission à accomplir que le grand-père transmet à son petit-fils : « Dans la plupart des lycées, les chaires de langue allemande étaient occupées par des Alsaciens qui avaient opté pour la France et dont on avait voulu récompenser le patriotisme : pris entre deux nations, entre deux langages, ils avaient fait des études irrégulières et leur culture avait des trous ; ils en souffraient [...]. Je serais leur vengeur » (p. 128). Puis, on remarque un autre type de vengeance qui dépasse largement le cadre familial pour s'étendre à la nation : à cause de la « déculottée de

1870 », « l'agressivité nationale et l'e[...]
saient de tous les enfants des vengeur[...]
dans la famille alsacienne fait vivre de [...]
la guerre, de la défaite, et de la persp[...]
l'enfant ne manque pas d'éprouver cett[...]
pour lui parce que finalement sans objet, [...]
peu contribué à le former : « Matérialiste convaincu, mon idéalisme épique compensera jusqu'à ma mort un affront que je n'ai pas subi, une honte dont je n'ai pas souffert, la perte de deux provinces qui nous sont revenues depuis longtemps » (p. 98). C'est là toutefois le **constat du narrateur adulte** qui voit s'inscrire sa propre identité et son humanité dans les convulsions de l'histoire. Les allusions à Fachoda, à l'Affaire Dreyfus (p. 144), à la présidence de Fallières (p. 145), à la médiocrité du programme des radicaux (p. 191), se joignent au déclenchement de la guerre pour signaler que la France se donne la « comédie » (p. 171). Du point de vue de l'enfant, en revanche, la guerre est simplement présentée comme une source d'ennui : elle lui donne quelques sujets d'écriture mais elle ne modifie en rien sa vie si ce n'est qu'elle perturbe grandement ses lectures puisque ses « publications préférées dispar[aissent] des kiosques » (*ibid.*).

LA COMÉDIE FAMILIALE

Dans *Les Mots*, Sartre fait une **critique de la famille bourgeoise** ; il manie **la satire et l'ironie moqueuse** mais sa perspective se trouve **tempérée par une tendresse discrète mais réelle**.

Tout d'abord il faut signaler que la mort de Jean-Baptiste Sartre, son père, est l'**événement déterminant** de la formation de l'enfant, car, s'il est vrai que cette mort donne à Jean-Paul « la liberté » (p. 18), elle le jette dans la famille des Schweitzer ; il se retrouve finalement **prisonnier** non plus du « lien de paternité », mais de la vision du monde du grand-père, lequel apparaît alors comme l'incarnation de l'idéologie bourgeoise : « Ses emportements, sa majesté, son orgueil et son goût du sublime couvraient une timidité d'esprit qui lui venait de sa religion, de son siècle et de l'Université, son milieu » (p. 53). Cette phrase montre d'ailleurs que Charles lui-même est largement assujetti à ce déterminisme de classe qui explique ses comportements. Par là s'explique aussi la **dualité secrète de ce personnage** (présenté généralement tout d'une pièce) : « au fond de sa pensée, dans un froid désert peu visité, je suis sûr qu'*on* savait à quoi s'en tenir sur moi, sur la famille, sur lui » (p. 127). Peut-être que l'autobiographie de Jean-Paul restitue précisément la **parole à cette image fugitive du grand-père** dont le regard de l'arrière-monde semble pouvoir renverser les valeurs et peser au plus juste les êtres et les choses.

En tout cas la théâtralité coutumière de Charles, le système de convention en vigueur dans la famille imposé par lui, le rapport affectif qu'il entretient avec son petit-fils et surtout son rôle de médiateur par rapport aux livres et à la culture, font de lui une figure centrale qui pousse l'enfant à **singer les adultes**. Or, le moyen de paraître adulte chez les Schweitzer passe par la « Comédie de la culture » ; la bibliothèque même apparaît à l'enfant comme « le ventre d'un vieillard inerte [...], c'était Karl en personne, réifié » (p. 59). Par ailleurs, qu'il s'agisse de lire ou d'écrire, l'enfant est toujours considéré comme un génie qui aime être surpris : « Ce petit a la soif de s'instruire ; il dévore le Larousse ! » (p. 61). Toutefois par moments, il se trouve **démasqué** par sa grand-mère Louise (p. 31) ou Mme Picard (p. 90), mais c'est évidemment **lui-même** qui peu à peu ne supporte plus cette comédie, laquelle se combine sournoisement avec sa vision de l'absolu littéraire, et le plonge dans la névrose. L'enfant se sent alors bien proche de la folie.

LES PERSONNAGES

Dans cette autobiographie, limitée assez strictement aux souvenirs de l'enfance, Sartre n'évoque que peu de personnages : l'enfant n'a pas vraiment pu se tisser un large réseau de connaissances. Néanmoins, on peut remarquer que diverses oppositions permettent de rendre compte des membres de la famille ; on sait, par exemple, que Louise et Charles sont rigoureusement **antithétiques** : « Cette femme vive et malicieuse mais froide pensait droit et mal, parce que son mari pensait bien et de travers ; parce qu'il était menteur et crédule, elle doutait de tout [...]. Entourée de vertueux comédiens, elle avait pris en haine la comédie et la vertu » (p. 13). Au centre de la famille se trouvent ainsi le principe et sa contestation muette. Quant à Jean-Paul et sa mère, ils forment un couple d'abord dans un rapport de frère et sœur : ce sont les « enfants » (p. 20). Plus tard, ce couple devient plus problématique dans la mesure où il doit affronter la réalité du désir (pp. 177-178) ; cette découverte du désir par l'enfant annonce la véritable séparation d'avec la mère et sans doute aussi le remariage prochain de celle-ci.

On peut aussi observer que les personnages de la famille s'opposent aux autres personnages extérieurs à celle-ci (amis, instituteurs). Si l'espace familial est constamment présent, incarné par le grand-père et la mère, les personnages extérieurs apparaissent de manière discontinue ; ils ont soit un caractère épisodique (Abbé Dibildos, pp. 84-85), soit un caractère itératif (Mme Picard, M. Simonnot) ; dans ce cas leurs apparitions tendent vers le comique.

Une autre opposition permettrait de rendre compte de **l'univers des adultes et de celui des enfants**, des camarades de Poulou. Cette opposition se fait jour très tard dans le texte (p. 179), tandis que le personnage du grand-père a déjà commencé à s'effacer, mais elle survient en donnant à Jean-Paul les moyens de **conquérir une authenticité** : « En famille, je continuai de singer l'homme. Mais les enfants entre eux détestent l'enfantillage : ce sont des hommes pour de vrai [...] : je me lavais de la comédie familiale » (p. 180).

Un autre critère, de type ironique, permet de lire certains personnages. Ainsi M. Simonnot qui est à l'évidence une pure caricature du vide intérieur, est présenté avec une plénitude et une densité qui ressortit à l'antiphrase (« massif granitique », « cette statue, ce bloc monolithique », pp. 75-76). En revanche, Mme Picard se présente comme la pythie qui a finalement raison en face des discours et dispositions du grand-père : « Mme Picard voulut être la première à découvrir le signe que je portais au front. "Ce petit écrira !" dit-elle avec conviction » (p. 127). Mais, chez elle, se nouent de façon paradoxale la justesse de la vision supérieure et l'ordre de l'obscène : « quand on m'annonçait sa venue, dit le petit Jean-Paul, je me sentais du génie : j'ai rêvé qu'elle perdait ses jupes et que je voyais son derrière, ce qui était une façon de rendre hommage à sa spiritualité » (p. 89).

L'ÊTRE ET LE NÉANT

Si la première partie des *Mots* s'interroge sur la justification de l'existence, dans la seconde partie, c'est la justification de l'écriture qui se trouve exposée. Dans l'un comme dans l'autre cas la lumière est mise sur l'ordre de la nécessité.

Là encore, il faut peut-être considérer l'influence du grand-père sur l'enfant, mais il s'agit alors d'une influence qui n'a pas été immédiatement ressentie : « Charles Schweitzer mettait de la nécessité partout pour couvrir une détresse qui ne m'apparut jamais tant qu'il vécut et que je commence seulement à deviner » (p. 77). Alors que dans cette perspective la nécessité devient le moyen de masquer la détresse, dans le cas de l'enfant, c'est le manque de nécessité et de justification qui le plonge dans l'anxiété. Il lui faut donc justifier son existence et précisément l'absence de son père ne lui permet pas de se fonder en tant qu'être. Dans une société bourgeoise où **l'avoir confère l'être**, l'enfant se sent terriblement « abstrait » (p. 74) : « Au propriétaire, les biens de ce monde reflètent ce qu'il est ; ils m'enseignaient ce que je n'étais pas : *je n'étais pas* consistant ni permanent ; *je n'étais pas* le continuateur futur de l'œuvre paternelle, *je n'étais pas* nécessaire à la production de l'acier ; en un mot je n'avais pas d'âme » (*ibid.*). Et plus loin encore : « j'étais *rien* : une transparence ineffaçable » (p. 76). Les soulignements d'insistance (combinés à la modalité négative et à la fonction attribut) renvoient ici à une surenchère dans l'ordre du néant. Se considérant comme un « bien culturel » (p. 35), l'enfant tente de se trouver une justification dans l'ordre culturel. Dans cette perspective, il se sent capable de retrouver cette justification immédiate qui s'exprime ironiquement par des images puisées dans le champ de la nature : « La culture m'imprègne et je la rends à la famille par rayonnement, comme les étangs, au soir, rendent la chaleur du jour » (*ibid.*).

À partir du moment où il accède à l'écriture, Jean-Paul excellera aussi à se trouver **plusieurs types de justifications** qui semblent s'effacer successivement les unes les autres : « plus que l'épopée, plus que le martyre, c'était la mort que je cherchais » (p. 157). Il a donc conçu d'abord la littérature comme un combat contre le mal, ce qui permet de se justifier en tant que **héros**. Puis il reçoit cette légitimation du Saint-Esprit : « Seigneur, puisque je suis si nul, comment pourrais-je faire un livre ? – En t'appliquant. – N'importe qui peut donc écrire ? – N'importe qui, mais c'est toi que j'ai choisi » (p. 152). Il est ici l'élu, celui qui a un destin sur la terre qui diffère du destin céleste. Parmi les humains il se contente d'être, avec superbe, « Jean-Paul Sartre, l'écrivain masqué, le chantre d'Aurillac, le poète de la mer » (p. 154), qui s'éteindra dans sa « chambrette » en se disant « mission remplie » (p. 156).

Enfin, c'est sa vision de la mort qui s'impose comme justification dans le moment même où elle est perçue comme la condition de la gloire : « En l'identifiant à la gloire, j'en fis ma destination [...]. Nos intentions profondes sont des projets et des fuites inséparablement liés : l'entreprise folle d'écrire pour me faire pardonner mon existence, je vois bien qu'elle avait, en dépit des vantardises et des mensonges, quelque vérité ; la preuve en est que j'écris encore, cinquante ans après » (p. 157). L'existence se justifie par l'écriture tandis que l'écriture se justifie, à travers la mort, dans la gloire. Pour autant cette gloire ne passe pas, d'abord, par la reconnaissance de l'autre ; elle ne passe pas par une relation intersubjective mais par une sterile objectivation dans la mesure où le moi de Jean-Paul se perçoit sous la forme désincarnée de l'objet-livre : « Moi : vingt-cinq tomes, dix-huit mille pages de texte, trois cents gravures dont le portrait de l'auteur » (p. 158). Jean-Paul en arrive alors à ce paradoxe où il n'est plus nulle part car il est partout (p. 159).

Le narrateur adulte décèle bien tous ces « tours de passe-passe » dont il a été victime, et ce n'est qu'à l'avant-dernière page du texte, donc au bout d'un lent cheminement qui retrace de façon critique son besoin de se justifier, qu'il peut déclarer, retournant à une **philosophie de la simplicité** qui refuse les alibis : « à présent je connais notre impuissance. N'importe : je fais, je ferai des livres ; il en faut ; cela sert tout de même. La culture ne sauve rien ni personne, elle ne justifie pas. Mais c'est un produit de l'homme : il s'y projette, s'y reconnaît ; seul ce miroir critique lui offre son image » (p. 205).

L'ORDRE DU RÉCIT

L'imparfait se trouve être le temps de référence de ce récit d'enfance. Si on le considère du point de vue de l'aspect, l'imparfait relève de l'imperfectif et il insiste ainsi sur la vision du temps dans son déroulement, vision qui ne peut être référée qu'à un sujet qui perçoit ce processus **de l'intérieur**. Dans l'esthétique autobiographique l'imparfait possède donc une valeur rhétorique capable de créer une connivence entre narrateur et lecteur puisqu'il ouvre à cet espace intérieur. Sans entrer dans le détail des valeurs de ce temps (spécifiques pour plusieurs passages), on retiendra, d'une part, que l'imparfait s'oppose au passé simple – lequel est requis pour introduire généralement les diverses anecdotes rapportées par le narrateur (il s'agit de scènes traitées sur le mode singulatif) – et que, d'autre part, l'imparfait, plus marqué par sa valeur aspectuelle que temporelle, se révèle une forme mixte qui sert de présent-passé et qui facilite la cohabitation du Je de l'énonciation et du Je de l'énoncé. De là l'impression que l'on se trouve devant un **temps immobile** qui est celui de l'enfance ; mais cette temporalité profonde se trouve doublée par un ordre temporel superficiel, induit par les références chronologiques fort nombreuses et souvent assez précises. On retrouve cette dualité temporelle à un autre niveau, qui est celui de la progression dramatique et de la simultanéité. D'un côté en effet, on peut être sensible à la structure dramatique de l'œuvre qui permet de « déployer dans un temps limité, avec le maximum de netteté, toutes les étapes d'un projet. D'où la netteté, mais aussi la dureté des contours : ni lointains, ni flous » (P. Lejeune, « L'ordre du récit dans *Les Mots* de Sartre », *Le Pacte autobiographique*, p. 230). Dans cette perspective on peut dire que la logique de la progression dramatique repose sur la quête de l'enfant qui tente de trouver une justification à son existence et qui va de piège en piège, de contradiction en contradiction pour chaque fois être sauvé (et mystifié un peu plus) par ce *deus ex machina** qu'est son grand-père : « Je fus sauvé par mon grand-père : il me jeta sans le vouloir dans une imposture nouvelle qui changea ma vie » (p. 112) ; ainsi se trouve relancé l'intérêt du lecteur à la fin de la première partie. Finalement, c'est la littérature qui apparaîtra comme la seule possibilité de justifier l'existence mais l'ironie du texte des *Mots* réside dans le fait qu'il renverse totalement cette perspective, en soulignant la **mystification** que constitue une telle vision de la littérature qui ne s'engage pas dans le monde à travers une lutte concrète de type révolutionnaire.

D'un autre côté, l'œuvre parodie la vie racontée du grand homme dans laquelle le lecteur peut pénétrer par n'importe quel endroit : « son existence offre les apparences d'un déroulement mais, dès qu'on veut lui rendre un peu de vie, elle retombe dans la simultanéité » (p. 163). Le rôle des récits enchâssés qui « constituent le matériau principal du livre » (G. Idt ; voir Bibliographie), participe de cet effet de simultanéité précisément parce qu'ils ont généralement une valeur symbolique et qu'il sont une **mise en abyme** ou un emblème de la vie du jeune Poulou ; il en va ainsi de la rencontre imaginaire avec le contrôleur de chemin de fer (pp. 92-93), de celle avec Cervantes et Zévaco (pp. 142-143). L'ensemble de ces récits se présente de manière déceptive, avec un souci de la répétition que seul l'humour et l'ironie permettent de varier et de nuancer, et le modèle de ce fonctionnement pourrait bien être le constat de l'être qui manque (M. Simonnot, pp. 75-76 ; Sartre, p. 95 ; Dickens, p. 138), qui renvoie aussi bien à la disparition du père qu'à l'existence problématique du fils (« je n'étais pas », p. 74)

Ce jeu entre le développement chronologique et l'irruption du simultané confère à l'autobiographie sartrienne sa densité, son épaisseur et sa concentration.

LES MOTS ET L'AUTOBIOGRAPHIE

Le titre de l'autobiographie de Sartre, du point de vue phonique, pourrait donner à lire l'œuvre comme une suite de « maux » : ce jeu avec les mots soulignerait le rôle négatif que la famille a exercé sur la formation de l'écrivain et en particulier sur ce qu'il appelle sa névrose. Mais le projet de représenter « les maux » par le biais de l'écriture autobiographique met en lumière le rôle des mots eux-mêmes. Dans cette œuvre, Sartre propose une archéologie personnelle des mots et il met en scène les divers rôles qu'ils ont joués. *Mots* qui participent de la comédie : « J'ai des mots d'enfant, on les retient, on me les répète : j'apprends à en faire d'autres. J'ai des mots d'homme : je sais tenir sans y toucher, des propos "au-dessus de mon âge" » (pp. 27-28). Mais en même temps, ce sont des mots qui se révèlent comme des éléments fondateurs de sa culture et de sa vision du monde, dans la mesure où ils résistent, gardant par devers eux leur noyau poétique : « Ces mots durs et noirs, je n'en ai connu le sens que dix ou quinze ans plus tard et, même aujourd'hui, ils gardent leur opacité : c'est l'humus de ma mémoire » (p. 43). On comprendra alors qu'il existe aussi un arrière-monde des mots où certains d'entre eux vivent d'une autre vie : ils « grouillent » et ont « l'horrible simplicité des bêtes élémentaires » (p. 67).

D'un autre côté, le petit Jean-Paul est convaincu de **l'antécédence et de la primauté des mots par rapport au monde** : « je tenais les mots pour la quintessence des choses » (p. 117) ; c'est le Grand Larousse qui structure l'univers : « il y avait la région Ci-D, la région Pr-Z, avec leur faune et leur flore, leurs villes, leurs grands hommes et leurs batailles » (p. 44). On se trouve ainsi en face d'un **nominalisme** qui donne tout pouvoir aux mots en disqualifiant le réel, et c'est précisément de cette vision du monde que Sartre a eu du mal à se libérer et qui demandait en outre que l'auteur se considérât lui-même comme une **somme de mots** sous forme de livre, représentation qui aurait constitué sa véritable essence tandis que son moi contingent n'aurait finalement existé que pour s'effacer : « Moi : vingt-cinq tomes, dix-huit mille pages de texte, trois cents gravures dont le portrait de l'auteur » (p. 158).

PARODIE ET AUTOPARODIE

Les Mots se présentent comme un texte autobiographique dont les **jeux intertextuels** sont particulièrement nombreux. Il y a là un rapport de soi aux autres écrivains qui pose problème dans la mesure où, généralement, une autobiographie – qui plus est consacrée à l'enfance – ne convoque pas les grands auteurs de la bibliothèque, si ce n'est de façon ponctuelle. Or « dans *Les Mots*, dit avec justesse Jacques Lecarme, c'est toute la bibliothèque de la littérature contemporaine et classique qui est mise en jeu et en cause » (*op. cit.*, p. 1058). Depuis les auteurs cités (Hugo, Chateaubriand, Jules Verne...) jusqu'aux phrases (ou membres de phrases) introduites sans guillemets qui restent ainsi camouflées, le lecteur des *Mots* se trouve devant un ensemble de références plus ou moins identifiable qui, finalement, subvertit l'unicité de la voix sartrienne et confère au texte sa **polyphonie**. De ce point de vue se justifie aussi le titre des *Mots* qui renvoie à ces termes utilisés par bien d'autres auteurs et que Sartre reprend à son tour. Mais s'il utilise les mots des autres, Sartre inaugure ici une littérature qui se moque de la littérature et qui s'inscrit dans une **perspective de rupture par rapport à la culture bourgeoise**. D'où l'importance de faire entendre la voix paradoxale de l'enfant qui parle de façon authentique tout en singeant les adultes et les grands auteurs.

Il est donc permis de reconnaître au fil du texte, dans les paroles de Jean-Paul, les positions humanistes d'un Giraudoux ou d'un Gide, ainsi que les attaques portées contre le clerc, cet intellectuel qui refuse l'engagement social, ces attaques visant plus particulièrement Julien Benda, et peut-être le philosophe Alain. Ainsi, selon la culture et la connaissance qu'il aura de Sartre, le lecteur pourra apprécier clins d'œil et allusions. Il pourra également retrouver des éléments qui concernent l'œuvre même de Sartre : la fin des *Mots* propose plusieurs références aux *Mouches* (pp. 47, 192), à *La Nausée* (pp. 203-204), et à d'autres œuvres, surtout pour en **critiquer le projet** qui laissait l'auteur dans une position intellectuelle intenable : « Plus tard j'exposai gaîment que l'homme est impossible ; impossible moi-même je ne différais des autres que par le seul mandat de manifester cette impossibilité qui, du coup, se transfigurait, devenait ma possibilité la plus intime, l'objet de ma mission, le tremplin de ma gloire » (p. 204). Le Sartre des *Mots* parvient à nous donner une image de l'écrivain qui a dépassé l'ordre bourgeois vain et négatif dont il était le reflet et dans lequel il évoluait. Mais il est clair que c'est en ayant réalisé les fantasmes de sa petite enfance, en étant devenu un écrivain reconnu que Sartre a pu trouver la voie (et la voix) pour écrire cette autobiographie : « Sartre peut récuser, comme il le fait, le vedettariat que la société bourgeoise lui a conféré ; mais c'est à partir de cette situation qu'il peut dominer et par conséquent contester, de manière convaincante, sa vocation littéraire » (Jacques Lecarme, *op. cit.*).

UNE RHÉTORIQUE DE L'IRONIE

Plusieurs procédés rhétoriques suscitent l'ironie. Sartre narrateur joue de façon constante sur les catégories opposées.

Les jeux de sens qui portent sur **le concret et l'abstrait** sont particulièrement efficaces, comme dans le cas où l'âme de Jean-Paul est rapprochée du moteur à explosion : « je ne sens plus rien sauf un rythme, une impulsion irrésistible, je démarre, j'ai démarré, j'avance, le moteur ronfle. J'éprouve la vitesse de mon âme » (p. 201). Tandis que la modalité négative favorise un effacement de frontière entre l'ordre matériel et spirituel, les termes jouent à la fois sur le sens figuré et le sens propre (« rythme », « impulsion ») ; puis viennent les verbes qui marquent le mouvement : ils introduisent une cinétique (« démarrer », « avancer », éprouver »), non sans solliciter un ensemble de sensations (bruit, vibrations du moteur qui « ronfle ») qui sont vécues de manière tangible par le recours au mode indicatif.

Un autre type d'opposition, entre **le réel et l'imaginaire** cette fois, est souvent sollicité dans une perspective ironique. On voit par exemple comment l'enfant, qui se prend chez lui pour un héros, doit subir l'indifférence des autres enfants au jardin du Luxembourg ; selon un processus de renversement, c'est lui qui les prend alors pour des héros tandis que lui-même semble s'absenter du monde des hommes et tendre vers le végétal immobile : « ils me frôlaient sans me voir [...]. Devant ces héros de chair et d'os, je perdais mon intelligence prodigieuse, mon savoir universel, ma musculature athlétique, mon adresse spadassine, je m'accotais à un arbre, j'attendais » (p. 111).

Enfin, **l'opposition entre le langage religieux et le langage profane**, comme procédé ironique, a souvent été relevée (voir J. Lecarme, *op. cit.*). Le brusque changement de registre permet en effet de neutraliser toute la pompe du langage sacré : « quand ma mère m'emmenait au Luxembourg

– c'est-à-dire : quotidiennement – je prêtais mes guenilles aux basses contrées, mais mon corps glorieux ne quittait pas son perchoir » (p. 51) ; ici, outre le changement de registre (« corps glorieux » / « guenilles », perchoir »), on rencontre un jeu ironique qui porte sur le caractère banal de l'état mystique. Dans le même sens, on relèvera un **langage inspiré de la tradition littéraire de type classique** qui se trouve **subverti** par un recours sournois au **registre familier**, ce qui permet de s'attaquer aux mythes bourgeois de la culture : « j'absorbais des rancunes et des aigreurs qui ne m'appartenaient point, pas davantage à mon grand-père, les vieilles biles de Flaubert, des Goncourt, de Gautier m'empoisonnèrent ; leur haine abstraite de l'homme, introduite en moi sous le masque de l'amour, m'infecta de prétentions nouvelles » (pp. 146-147). On voit en l'occurrence comment le mythe des hommes de lettres est ici renversé puisque leurs œuvres, loin de susciter des lectures libératrices, sont représentées comme des **vecteurs de maladies** (« biles », « m'empoisonnèrent », « infecta »), tandis que **la duplicité de la littérature** se trouve dénoncée à travers des termes symétriquement opposés (« haine » / « amour »).

En revanche, la recherche métaphysique du petit Jean-Paul se ménage des moments de répit où la convocation d'attitudes opposées aboutit non plus à des écarts mais à une **neutralisation des contraires** qui rend viable son existence : « La plupart du temps, je ménageais la paix de mon cœur en prenant soin de ne jamais tout à fait exclure ni la liberté qui exalte ni la nécessité qui justifie » (p. 141).

UNE ESTHÉTIQUE DU RENVERSEMENT

À côté d'un style ironique qui se veut le plus souvent moqueur ou teinté d'humour, il est important de dégager une esthétique ironique* fondée sur le **déplacement** ou sur le **renversement des valeurs** propres au sens commun ; par là, l'ironie retrouve la valeur heuristique et originelle du questionnement socratique.

De ce point de vue, on observera que **le statut même du narrateur-personnage est l'objet d'une permutation** :

l'enfant qui singe l'adulte trouve son pendant dans la figure du narrateur adulte qui ne cherche pas à cacher l'enfant qui persiste en lui : « Usés, effacés, humiliés, rencognés, passés sous silence, tous les traits de l'enfant sont restés chez le quinquagénaire » (p. 205). La voix narrative mêle ainsi le Je de l'énonciation et le Je de l'énoncé, et de leur superposition naît l'**humour du texte**.

La chronologie temporelle qui limite l'autobiographie aux premières années tend, elle aussi, à **renverser le primat de la finalité** qui faisait loi pour Poulou : « je conservais l'ordre des fins en toute circonstance, à tout prix, je regardais ma vie à travers mon décès « (p. 189). En écrivant *Les Mots* l'auteur-narrateur regarde sa vie de façon rétrospective et explique son existence de façon régressive, en renversant son optique ; le temps qu'il avait mis « cul par-dessus tête » (p. 164), ne retrouve pas pour autant un déroulement plénier, mais l'heure est aux prises de conscience : « mon progrès d'aujourd'hui c'est d'avoir compris que je ne progresse plus » (pp. 195-196). C'est reconnaître à nouveau que dans cette enfance se sont constitués des mythes que l'adulte a dépassés d'un point de vue intellectuel mais que ces mythes n'en agissent pas moins encore sur lui : « je me demande parfois si je ne joue pas à qui perd gagne et ne m'applique à piétiner mes espoirs d'autrefois pour que tout me soit rendu au centuple » (p. 206).

Enfin, ultime renversement ironique qui porte non plus sur le statut du personnage-narrateur ou sur la temporalité mais sur l'esthétique autobiographique : l'ironie moqueuse et le sarcasme dirigés contre la bourgeoisie, contre la famille et contre les comédies diverses jouées par l'enfant, loin de créer un effet de distanciation, installent un puissant rapport de **connivence avec le lecteur**. Finalement, le thème de l'enfance, que Sartre avait écarté depuis le début dans son œuvre, lui a permis dans ce texte des *Mots* de concevoir une autobiographie authentique qui se présente comme une autobiographie parodique où le protagoniste est en représentation permanente. L'esthétique ironique réside ici dans le fait que **l'authenticité de l'œuvre** et du plaisir qu'elle procure est lié à **l'inauthenticité même et à la mauvaise conscience des personnages qu'elle met en scène.**

burlesque : style qui consiste à parler vulgairement de choses nobles ou élevées ; travestissement bouffon.

charge : procédé qui vise à ridiculiser par le biais de l'exagération.

cadence : rythme de la phrase fondé sur des groupes de mesure déterminés par le nombre de syllabes. Dans la **cadence majeure**, le dernier membre de phrase est plus long que ceux qui précèdent ; dans la **cadence mineure**, au contraire, le dernier groupe est plus court que les précédents.

cogito : du latin *cogito ergo sum*, « je pense donc je suis ». Argument par lequel Descartes fonde sa philosophie du sujet.

déterminisme : position philosophique selon laquelle nos actes ne sont que la conséquence de l'ensemble de nos comportements et des événements antérieurs.

deus ex machina : expression latine qui signifie littéralement : « dieu descendu au moyen d'une machine ». Généralement, l'expression désigne l'intervention imprévue et invraisemblable d'un personnage qui apporte cependant un dénouement à une situation au départ sans issue.

duplicité : caractère de ce qui est double et qui joue de cette dualité à son avantage.

en-soi : terme philosophique qui, contrairement au pour-soi, implique la fermeture sur soi d'un être, qui n'a ni projet ni intention. Les objets, par exemple, relèvent de l'en-soi, l'homme du pour-soi.

existentialisme : attitude philosophique qui considère l'homme comme un être totalement libre et responsable de son existence.

hypallage : figure de rhétorique qui voit permuter les caractérisants respectifs de deux termes.

intertextuel : qui fait allusion à d'autres textes.

ironie : figure de rhétorique qui a recours à l'antiphrase et qui dit le contraire de ce qui est suggéré. L'**esthétique ironique**, qui dépasse la simple figure de style ou le simple cadre de l'ironie moqueuse, présuppose une grande complicité avec le lecteur car elle se spécialise dans l'ambiguïté du discours, renverse et subvertit les valeurs du sens commun.

leitmotiv : phrase ou motif qui revient à plusieurs reprises.

ludique : qui a rapport avec le jeu.

mise en abyme : procédé qui reproduit de façon emblématique, dans une portion de l'œuvre, des éléments structurels ou symboliques caractéristiques de l'ensemble de l'œuvre.

narration ultérieure : le moment de la narration se situe après le moment où se passent les événements. La distance entre le moment des événements et le moment de la narration peut être très grande : une quarantaine d'années séparent dans *Les Mots* l'enfant et le narrateur adulte.

obsidionalité : caractère de ce qui est clos, enfermé.

oxymore : figure de rhétorique qui allie deux mots de sens opposé.

palimpseste : support (parchemin, papier...) sur lequel se superposent différentes couches d'écriture.

paradoxe : idée ou opinion qui va à l'encontre de ce que tout le monde pense, qui s'élève contre le sens commun. Est paradoxale une proposition qui, en logique, peut être à la fois vraie et fausse.

parodie : genre littéraire qui consiste à travestir dans une perspective comique un autre genre de type sérieux ou une œuvre de caractère élevé.

polémique : caractère d'une discussion ou d'un écrit qui critique de façon agressive.

polyphonique : aspect d'un texte où il est permis d'entendre plusieurs voix qui participent au dialogue.

présent gnomique : présent qui sert à énoncer des sentences, des proverbes, des vérités générales.

réifié : caractère d'un processus qui s'est figé.

satire : texte qui attaque, sur un mode comique, les vices et les défauts d'une personne, d'une classe sociale, etc.

sur-moi : dans la psychanalyse freudienne, il s'agit d'une instance qui aide le moi à se structurer ; elle se développe durant l'enfance et s'identifie avec l'image parentale.

voix narrative : expression qui désigne la personne qui dit « Je » à l'intérieur d'un texte. Dans une autobiographie, il est souvent pertinent de distinguer entre le « Je » du narrateur adulte, qui est le « Je » de l'énonciation (positionné dans le présent de l'écriture) et le « Je » du personnage enfant, qui est le « Je » de l'énoncé (positionné dans le passé).

zeugme : figure de rhétorique qui permet de rattacher à un même terme des éléments grammaticalement ou sémantiquement discordants.

Quelques citations

Le portrait du grand-père
« [...] c'était un homme du XIXe siècle qui se prenait, comme tant d'autres, comme Victor Hugo lui-même, pour Victor Hugo. Je tiens ce bel homme à barbe de fleuve, toujours entre deux coups de théâtre, comme l'alcoolique entre deux vins, pour la victime de deux techniques récemment découvertes : l'art du photographe et l'art d'être grand-père » (p. 22).

L'absence du père
« La mort de Jean-Baptiste fut la grande affaire de ma vie : elle rendit ma mère à ses chaînes et me donna la liberté » (p. 18).

Les rapports entre la mère et l'enfant
« Ma mère et moi nous avions le même âge et nous ne nous quittions pas. Elle m'appelait son chevalier servant, son petit homme ; je lui disais tout. Plus que tout : rentrée, l'écriture se fit babil et ressortit par ma bouche ; je décrivais ce que je voyais, ce qu'Anne-Marie voyait aussi bien que moi, les maisons, les arbres, les gens, je me donnais des sentiments pour le plaisir de lui en faire part, je devins un transformateur d'énergie ; le monde usait de moi pour se faire parole » (pp. 176-177).

Le rôle d'autrui
« Ma vérité, mon caractère et mon nom étaient aux mains des adultes ; j'avais appris à me voir par leurs yeux ; j'étais un enfant, ce monstre qu'ils fabriquent avec leurs regrets » (p. 70).

La découverte de la sexualité
« Vers dix ans, je me délectais en lisant *Les Transatlantiques* : on y montre un petit Américain et sa sœur, fort innocents, d'ailleurs. Je m'incarnais dans le garçon et j'aimais, à travers lui, Biddy, la fillette. J'ai longtemps rêvé d'écrire un conte sur deux enfants perdus et discrètement incestueux. On trouverait dans mes écrits la trace de ce fantasme [...] » (p. 47).

« [...] j'ignorais tout de la chair et je n'imaginais pas ce que cet homme nous voulait mais l'évidence du désir est telle qu'il me semblait comprendre et que, d'une certaine manière, tout m'était dévoilé. Ce désir, je l'avais ressenti à travers Anne-Marie ; à travers elle, j'appris à flairer le mâle, à le craindre, à le détester » (p. 178).

La mort

« Je vis la mort. À cinq ans : elle me guettait ; le soir, elle rôdait sur le balcon, collait son mufle au carreau, je la voyais mais je n'osais rien dire. Quai Voltaire, une fois, nous la rencontrâmes, c'était une vieille dame grande et folle, vêtue de noir, elle marmonna sur mon passage : "Cet enfant, je le mettrai dans ma poche." Une autre fois, elle prit la forme d'une excavation : c'était à Arcachon [...] » (p. 79).

La bibliothèque

« J'ai commencé ma vie comme je la finirai sans doute : au milieu des livres. Dans le bureau de mon grand-père, il y en avait partout ; défense était faite de les épousseter sauf une fois l'an, avant la rentrée d'octobre. Je ne savais pas encore lire que, déjà, je les révérais, ces pierres levées ; droites ou penchées, serrées comme des briques sur les rayons de la bibliothèque ou noblement espacées en allées de menhir, je sentais que la prospérité de notre famille en dépendait » (pp. 35-36).

Sur les mots

« Apocope, Chiasme, Parangon, cent autres Cafres impénétrables et distants surgissaient au détour d'une page et leur seule apparition disloquait tout le paragraphe. Ces mots durs et noirs, je n'en ai connu le sens que dix ou quinze ans plus tard et, même aujourd'hui, ils gardent leur opacité : c'est l'humus de ma mémoire » (p. 43).

Sur la représentation de la littérature

« Écrire, ce fut longtemps demander à la Mort, à la Religion sous un masque d'arracher ma vie au hasard. Je fus d'Église. Militant, je voulus me sauver par les œuvres ; mystique, je tentai de dévoiler le silence de l'être par un bruissement contrarié de mots et, surtout, je confondis les choses avec leurs noms : c'est croire. J'avais la berlue » (p. 203).

Sartre par Sartre

« Truqué jusqu'à l'os et mystifié, j'écrivais joyeusement sur notre malheureuse condition. Dogmatique, je doutais de tout sauf d'être l'élu du doute ; je rétablissais d'une main ce que je détruisais de l'autre et je tenais l'inquiétude pour la garantie de ma sécurité ; j'étais heureux » (p. 204).

Jugements critiques

« L'entreprise de rupture de Sartre vis-à-vis de son passé, rencontre, dans l'esprit du lecteur, certaines limites qui en réduisent la portée. Sartre n'écrirait pas son livre ou l'écrirait bien plus difficilement, s'il n'avait pas atteint la gloire ou la notoriété littéraire. Les rêves fous de la névrose ont été exaucés et accomplis ; les fantasmes de l'enfant présentés comme aberrants, ont tout de même annoncé une œuvre, un succès, une réussite. Sartre peut récuser, comme il le fait, le vedettariat que la société bourgeoise lui a conféré ; mais c'est à partir de cette situation qu'il peut dominer et par conséquent contester, de manière convaincante, sa vocation littéraire. »

Jacques LECARME, « *Les Mots* de Sartre : un cas limite de l'autobiographie », *Revue d'histoire littéraire de la France*, n° 6, novembre-décembre 1975.

« Dans *Les Mots* [...] le rythme est celui d'une pièce de théâtre, il obéit aux impératifs de la représentation scénique : déployer dans un temps limité, avec le maximum de netteté, toutes les étapes d'un projet. D'où la netteté, mais aussi la dureté des contours : ni lointains, ni flous. »

P. LEJEUNE, « L'ordre du récit dans *Les Mots* de Sartre », *Le Pacte autobiographique*, Le Seuil, 1975.

« L'autoparodie dans *Les Mots* [...] sert à construire l'objet dans l'acte même de sa destruction. Elle permet d'élaborer un nouveau mythe littéraire, celui de l'écriture parodique, dont on sait le prestige ; elle renforce la communication ludique dans la communauté des lecteurs ; elle resserre le réseau de relations entre les éléments du texte, son tissu. Loin d'aboutir au degré zéro de l'écriture, la critique de la littérature semble l'exalter. Il est vrai que l'auteur récupère au centuple ce qu'il prétend abandonner : on oublie que l'objet se conteste pour retenir seulement qu'il écrit le mieux possible ; cet adieu à la littérature ressemble à une déclaration d'amour passionné ».

Geneviève IDT, « L'autoparodie dans *Les Mots* de Sartre », *Cahiers du XXe siècle*, n° 6, 1976.

« En 1964, le Sartre en culottes courtes des *Mots* a surpris, en même temps que le texte lui-même donnait au lecteur une impression éblouissante de maîtrise et de totalisation. Il était irréfutable en deux sens : qu'on la trouvât admirable ou artificielle, l'interprétation collait au récit ; d'autre part, le lecteur n'avait sur cette enfance aucune autre information, puisque c'était la première fois que Sartre la racontait. Le livre lui-même, sans préface, sans mode d'emploi [...] se présentait comme un bloc, à prendre tel quel.

Vingt ans après le livre reste aussi éblouissant, mais la perspective a complètement changé. Pendant les quinze dernières années de sa vie, Sartre a continué à évoluer politiquement et à envisager d'autres projets autobiographiques. En même temps, il s'est généreusement abandonné à la curiosité biographique de ses proches, acceptant de parler sa mémoire. Après sa mort, la publication de ses lettres de jeunesse et surtout celle de ses *Carnets de la drôle de guerre* ont révélé que, contrairement à ce qu'on pensait, *Les Mots* n'étaient nullement son premier essai d'écriture autobiographique : ils apparaissent aujourd'hui comme un moment dans une entreprise autobiographique qui est coextensive à la vie de Sartre. »

P. LEJEUNE, « Les enfances de Sartre », dans *Moi aussi*, Le Seuil, coll. « Poétique », 1986, p. 117.

Index thématique

aventures : 42, 94-98, 104-108, 109-111, 120-123, 171-174, 200-201.

Allemagne : 12, 32-35, 97-98, 115, 127, 170-175.

Alsace : 12, 32-35, 128.

bourgeoisie : 23, 30, 53, 78, 82, 94, 98, 100-101, 126-127, 144-145, 191.

camarades : 160-161, 180-186.

cinéma : 98-104.

comédie (théâtre) **:** 12, 13, 23-24, 25, 27-31, 35, 59-61, 72, 78, 87, 88-91, 93-94, 98, 119-126, 152, 167-169

école, enseignement : 12, 33-34, 65-70, 84-85, 128-129, 137, 160, 179-186, 203.

folie (névrose) **:** 14, 45, 81, 123-124, 125, 145, 170.

guerre : 21, 32-35, 47, 88-90, 97-98, 101, 170-176.

grand-père : 11-15, 17-18, 19, 21-24, 26-27, 28, 30, 31, 34, 35-36, 37-39, 42, 49-51, 53-54, 59, 65-66, 69-70, 76-77, 83, 86-87, 112, 115-116, 119-120, 127-131, 144-145, 162, 191.

livres (bibliothèque) **:** 12, 13, 19, 35-49, 51-65, 125, 150, 154, 158-159, 161, 164, 167-168.

maladie : 16-17, 75, 86-87, 94, 135.

mère : 15-18, 20-21, 39-41, 72, 75, 85, 86, 87, 89, 99-101, 111-112, 115, 119-120, 127, 150-151, 177-178.

mort : 17-20, 26, 27, 45, 58, 79-81, 95, 156-162, 169, 189.

mots : 27-28, 32, 43-44, 67, 71, 79, 117, 121, 144, 148, 149, 150.

musique : 34, 50, 75-76, 83, 100, 102-107.

mythologie : 17, 18, 25, 31, 35, 64, 77-78, 198.

Paris / province : 11, 15, 16, 17, 26, 32-35, 44, 46, 50, 51, 52, 65, 66, 68, 87, 115-116, 137, 175, 180-181, 196, 200.

père : 11, 14, 16, 17-20, 73-74.

professeur : 11, 33, 38, 39, 56-57, 65-70, 150-151.

références littéraires : 12, 13, 22, 24, 34, 41, 42, 43, 45-48, 49, 53-58, 60-61, 80, 89, 97, 108-110, 116, 118, 130, 131, 132, 133, 134, 138, 139, 141-144, 146-147, 162, 165-166, 192, 199, 203, 206.

religion : 11, 14, 21, 22, 25, 31, 41, 51, 53, 64, 81-86, 93, 108-109, 145, 151-152, 154-155, 161, 165-166, 199, 201-204, 206.

Plans et sujets de travaux

SUJETS DE RECHERCHE ET D'EXPOSÉS

– La représentation de l'enfance dans *Les Mots*.
– L'image de la famille.
– La représentation du temps.
– Le thème de la mort.
– L'image de l'écrivain.
– La forme autobiographique.
– Le style ironique dans *Les Mots*.

ÉTUDE LINÉAIRE D'UN TEXTE

Les Mots, pp. 35-36, de : « J'ai commencé ma vie » à : « sentaient le champignon ».

Introduction

Immergé dans la « Comédie familiale », le jeune Jean-Paul joue à l'enfant sage comme une image. Tout le monde autour de lui s'extasie sur ses bons mots et son grand-père n'est pas loin de considérer que les paroles de son petit-fils sont plus profondes que celle du philosophe Bergson (p. 26). Si bien que le narrateur peut déclarer ; « cela montre ce que je suis au fond : un bien culturel » (p. 35) ; il emploie ici l'expression au présent intemporel qui vaut à la fois pour son enfance et pour l'époque à laquelle il écrit *Les Mots*.

Le texte à expliquer, qui suit cette déclaration, montre comment l'enfant a pu se familiariser avec l'univers des livres, objets qui fonctionnent ici comme des emblèmes de la culture en général. On voit alors que les livres se présentent, pour Jean-Paul, comme des objets sacrés tandis que la bibliothèque possède les caractéristiques d'un temple. L'intérêt de ce passage est de montrer comment l'ordre de la culture s'est trouvé métamorphosé en ordre divin.

Analyse linéaire

1. « J'ai commencé ma vie comme je la finirai sans doute : au milieu des livres »

Phrase liminaire du paragraphe, elle met en place le **Je autobiographique** qui se ressaisit d'un coup dans son origine (le passé composé évoquant la naissance permet au passé de garder le contact avec le présent, en l'occurrence le moment de l'écriture) et dans sa fin (à travers l'emploi du futur). Se définit ainsi une permanence, un trajet, ou mieux une **circularité** : à la naissance du personnage-narrateur les livres sont présents comme les fées du conte ; à sa mort, les livres seront là, comme des intercesseurs, au moins entre la vie et le néant. Enfin, la locution prépositionnelle « au milieu de » matérialise un espace livresque qui semble **faire pièce au monde réel** : le vrai monde du Je, c'est le monde du livre, avant même (pourrait-on dire) que s'établisse le rapport à autrui.

2. De : « Dans le bureau » à : « un avenir aussi calme que le passé »

L'espace livresque se matérialise ainsi dès l'enfance à travers « le bureau de mon grand-père ». Le **motif de la profusion livresque**, introduit par « au milieu de », se poursuit maintenant sur le mode prédicatif et dans une formulation qui signale la familiarité du livre pour l'enfant : « il y en avait partout ». Toutefois, un rituel sévère réglemente l'accès à ces livres, exprimé par une **phrase d'allure sentencieuse** où l'interdit s'exprime de manière impersonnelle : « défense était faite de les épousseter sauf une fois l'an, avant la rentrée d'octobre ». La référence à la rentrée scolaire indique que l'école rythme **déjà** le temps de l'enfant et lui sert de repère, avant même qu'il ne la fréquente.

On retrouve le Je en tête de la phrase suivante pour signaler à la fois son infériorité et son ignorance face aux livres (« Je ne savais pas encore lire » : nous sommes ainsi dans l'ordre du mystère), ainsi que son **attitude de respect sacré**. En effet le **champ lexical du sacré** apparaît bientôt avec force (« rêverais », « pierres levées », « en allées de menhirs », « sanctuaire ») pour croiser un autre champ lexical où le livre, et plus largement la bibliothèque, se présente métaphoriquement comme un **édifice indestructible** : « pierres »,

« briques », « monuments trapus, antiques ». Un certain nombre de termes soulignent par ailleurs la **représentation illustre du livre** pour l'enfant : démonstratif emphatique annoncé par la cataphore (« je *les* révérais, *ces* pierres levées ») ; sémantisme de l'adverbe de manière (« noblement ») ; on note aussi l'impression obscure de l'enfant pour qui les livres sont assimilés à des **divinités** qui protégeraient la famille à l'instar des dieux lares. Enfin revient l'idée que les livres assurent une continuité rassurante qui accompagne la vie du narrateur-écrivain, et qu'ils forment à ce titre un **univers intemporel** (« un avenir aussi calme que le passé »).

3. De : « Je les touchais » à : « une dextérité d'officiant »

Le thème du livre perçu comme un objet sacré se développe et intègre l'idée initiale de l'interdit : « je les touchais en cachette ». On retrouve le **champ lexical du religieux sacré** : « honorer mes mains », « cérémonies », « objets culturels » (anagramme de cultuels), et surtout « dextérité d'officiant » qui est une expression rapportée au grand-père, lequel se présente alors comme une sorte de grand-prêtre. L'emploi de l'imparfait souligne la **répétition des actions** dans le passé (« j'assistais chaque jour ») et installe la **vision subjective du personnage-enfant** qui se révèle limitée : « je ne savais trop qu'en faire » ; « des cérémonies dont le sens m'échappait ». L'ordre du mystère surgit car il s'opère un **renversement des comportements** peut être assimilé à un miracle : « mon grand-père – si maladroit, d'habitude, que ma mère lui boutonnait ses gants – maniait ces objets culturels avec une dextérité d'officiant » ; on peut remarquer ici que l'antithèse des deux plans, celui de la réalité et celui du religieux, est soulignée typographiquement par les tirets.

4. De : « Je l'ai vu » à : « craquer comme un soulier »

Le passage de l'imparfait au passé composé s'opère par une valeur commune de répétition (« Je l'ai mille fois vu... »), mais ce glissement permet de changer de vision. **On passe du subjectif à l'objectif** avec une prédominance du point de vue externe. La phrase déploie une **scène** annoncée dans la phrase précédente et dont le personnage principal est le grand-père, tandis que l'enfant est pur spectateur. La rapidité du mouvement scénique est rendue par la **structure logique de la**

phrase qui propose une principale (où s'ancre le regard : « je l'ai vu ») suivie de six subordonnées infinitives juxtaposées, ce qui donne l'impression d'un ensemble d'actions liées (« se lever..., faire le tour..., traverser..., prendre un volume..., le feuilleter..., l'ouvrir... »). Rapidité rendue aussi par le **sémantisme des informations appréciatives** du spectateur : « en deux enjambées », « sans hésiter, sans se donner le temps de choisir », « à peine assis », « ouvrir d'un coup sec ». Mais la rapidité de la phrase dissimule adroitement une **métamorphose du livre sacré** ; dans les mains du grand-père, le livre redevient un objet familier que la **comparaison humoristique et péjorative** rabaisse maintenant : « en le faisant craquer comme un soulier ».

On se rend compte alors que le passage propose une **double image** contradictoire et ironique du livre : en effet le livre est à la fois ce qui est le plus élevé (objet sacré) relevant de l'ordre de la pensée ; mais il est aussi ce qui est le plus familier (soulier) ou représenté sous la forme d'un organisme vivant aux caractères obscènes : c'est ce que montre l'analyse de la dernière phrase.

5. De : « Quelquefois je m'approchais » à : « sentaient le champignon »

Le **retour au Je et à l'imparfait** signale que l'on abandonne le point de vue objectif et que l'on se retrouve au sein de la **vision subjective du personnage-enfant**. Les circonstants temporels marquent l'opposition entre la fréquence (phrase précédente : « mille fois ») et la rareté (« Quelquefois »). En outre, tandis que le grand-père a un contact physique avec le livre qui témoigne d'une longue familiarité, l'enfant, au contraire, est sensible à la **vie secrète** de cet objet.

Le livre est alors représenté par une série de métamorphoses à travers lesquelles on passe de l'inanimé enfermant (« boîtes ») au vivant amorphe (« huîtres ») ; ces deux entités sont rapprochées par leur fonction de contenant, l'opposition entre l'intérieur et l'extérieur et l'ordre du caché qu'elles impliquent. Puis le jeu des métamorphoses devient implicite ; il effleure le plan de la sexualité (« la nudité de leurs organes intérieurs »), et convoque une représentation organique (« veinules noires », métaphore du texte écrit, de l'encre) ; il joue aussi sur la polysémie du mot « feuilles » (pages, végétaux) notre vie en style épique à mesure qu'ils se produisaient ». Mère et fils se dotent ainsi d'une **seconde nature** (voir le sémantisme de la périphrase aspectuelle de type inchoatif), et l'ensemble des événements quotidiens se trouvent alors **esthétisés sur le mode ludique** où les jeux de langage priment sur les faits réels : « Je disais : Voilà un grand chien blanc. Il n'est pas blanc, il est gris, mais ça ne fait rien ». L'expression même « ça ne fait rien » que l'enfant prononce à chaque phrase, montre combien l'univers dans lequel il vit **manque de consistance et de nécessité** : monde de l'enfance où la contradiction logique ne tire pas à conséquence et où domine la **dimension euphorisante** (« nos plaisanteries », « nous nous mettions à rire », etc.).

2. L'intrusion d'autrui

On aura remarqué que jusqu'à présent autrui se tenait à l'arrière-plan, et se présentait comme un faire-valoir du couple mère-enfant. Autrui possède cependant un autre statut dans le texte, qui n'entraîne plus la moquerie et la dérision de la part de nos héros mais les jettent dans l'**angoisse**.

L'intrusion d'autrui se manifeste dans le récit par l'expression « un jour » qui n'est pas mise en relief mais qui veut au contraire minimiser cette irruption. Ce qui est premier dans la phrase reste la proximité de l'enfant et de sa mère : « Timides, nous avions peur ensemble : un jour sur les quais, j'avais découvert douze numéros de *Buffalo Bill* que je ne possédais pas encore ; elle se disposait à les payer quand un homme s'approcha [...] ». On remarque en effet l'adjectif en tête de phrase (« Timides ») qui donne à voir maintenant le couple sous l'effet de la frayeur et comme figé dans un tableau ; puis le récit dramatique se met en place en ayant recours au **système verbal** (plus-que-parfait / imparfait / passé simple) qui joue sur l'opposition aspectuelle et temporelle de l'imparfait et du passé simple, ce dernier se présentant comme un temps objectif qui violente la durée subjective des imparfaits.

Le statut du jeune Jean-Paul se trouve alors **menacé** ; il perd, par exemple, son « pouvoir » de faire rire. Pour l'homme qui s'approche, l'enfant n'est d'ailleurs qu'un simple prétexte : « Il regardait fixement ma mère, mais c'est à moi qu'il s'adressa : "On te gâte, petit, on te gâte !" répétait-il avec précipitation ».

On voit comment l'enfant est utilisé dans une **stratégie de séduction** ; et c'est le regard qui importe ici plus que les paroles : Poulou est donc battu sur son propre terrain (la puissance du regard) et il est ramené à sa mesure objective : « petit ». La cellule est donc fracturée, la mère courtisée et désirée, tandis que l'enfant perd son statut de petit homme et adhère brusquement à la féminité de sa mère : « nous ne fîmes plus, Anne-Marie et moi, qu'une seule jeune fille effarouchée qui bondit en arrière ». On retrouve ici l'union avec la mère, mais elle n'a plus l'aisance du jeu précédent ; on y rencontre plutôt la crispation d'un corps agressé, une réaction immaîtrisée : celle, archaïque, de la bête effrayée.

Cette rencontre avec l'homme (jusqu'à présent toujours absent pour l'enfant) permet à Poulou de prendre conscience du désir et de pressentir la dimension de la sexualité : « j'ignorais tout de la chair et je n'imaginais pas ce que cet homme nous voulait mais l'évidence du désir est telle qu'il me semblait comprendre et que, d'une certaine manière, tout m'était dévoilé ». On voit comment la phrase mime ici la révélation progressive en passant de l'expression négative (« j'ignorais », « je n'imaginais pas ») à un pressentiment (« me semblait », « d'une certaine manière ») qui concerne une dimension trop puissante et trop mystérieuse encore pour être envisagée avec évidence par un enfant.

Enfin, on pourra remarquer que le rapport entre la mère et l'enfant trouve un autre équilibre. D'un côté, la mère devient **une initiatrice** : « Ce désir, je l'avais ressenti à travers Anne-Marie ; à travers elle, j'appris à flairer le mâle, à le craindre, à le détester ». De l'autre, l'enfant mime jusqu'à la caricature le modèle masculin qui lui avait tant fait défaut : « je trottinais d'un air dur, la main dans la main de ma mère et j'étais sûr de la protéger » ; mais le narrateur intervient ici sur le mode tendrement ironique : « trottiner » détruit tout l'effet du visage fermé de l'enfant, tandis que l'affirmation du Je enfantin (« j'étais sûr ») dit, par antiphrase, qu'il ne pouvait rien pour la protéger vraiment.

3. Un texte autobiographique

Ce passage n'établit pas de véritable chronologie entre le passé mythique de la relation entre mère et enfant et la découverte du désir par la médiation d'autrui. Les circonstances semblent se mêler sous l'effet de l'emploi de l'imparfait qui tantôt libère des valeurs itératives (« Nous attendions l'autobus... »), tantôt des valeurs subjectives (en opposition avec le passé simple) avec des effets de dramatisation (« Il regardait fixement ma mère mais c'est à moi qu'il s'adressa »). D'ailleurs, ces années se trouvent soudain ressaisies par le narrateur sur le mode interrogatif, et mises sur le même plan sans perspective chronologique : « Est-ce le souvenir de ces années ? »

En outre, on entend clairement la voix de l'adulte qui déclare être sensible à cette **permutation des rôles** où l'enfant se montre comme un adulte tandis que l'adulte joue le rôle de l'enfant : « Aujourd'hui encore, je ne puis voir sans plaisir un enfant sérieux parler gravement, tendrement à sa mère enfant ». Cette voix de l'adulte s'exprime au présent de l'énonciation (« Je ne puis... J'aime... Je regarde... »), et prend parfois un **ton pathétique** pour dévoiler la perte du bonheur ancien : « puis je me rappelle que je suis un homme et je détourne la tête ». Cette proximité de la voix du narrateur fait écho à la proximité de la voix de l'enfant (ou de celle de la mère), venue du passé, et qui se trouve rendue au discours direct (« Voilà un grand chien blanc... » ; « Je ne t'ai pas regardé... »). À côté du discours direct, d'autres procédés plus discrets apparaissent, comme les deux-points qui, impliquant un ton explicatif, appellent un **effet de présence de la voix** : « Cet incident resserra nos liens : je trottinais d'un air dur, la main dans la main de ma mère [...] ».

Conclusion

Ce passage est centré sur l'irruption d'autrui dans l'intimité qui rapproche l'enfant et sa mère. Cette apparition de l'étranger masculin modifie les rapports entre Jean-Paul et Anne-Marie, puisque l'on passe d'une indifférenciation des êtres (marquée notamment par la permutation des rôles) à une **individuation progressive**. D'emblée cette irruption est sentie comme une agression, une expérience négative et douloureuse. Toutefois, la découverte du désir qu'elle implique est considérée comme une **étape essentielle et formatrice**. En effet, l'époque d'un âge d'or entre mère et enfant se situe clairement dans un état marqué par l'ordre sauvage : « j'aime ces douces amitiés sauvages » ; c'est-à-dire qu'elles sont tendres mais non civilisées, non socialisées, en l'absence de la loi paternelle qui oblige l'enfant à se détourner de la mère, qui oblige la bête qui fait un bond, effarouchée, qui « flaire le mâle », à **s'humaniser et à se civiliser**. Et, précisément, le « beau garçon » qui aborde Poulou et sa mère se présente comme une figure médiatrice de la civilisation (moustaches cirées, pâle, air « comestible »). Il n'est d'ailleurs pas impossible que ce qui fascine tant Poulou dans ses numéros de *Buffalo Bill*, l'exterminateur de bisons, ce soit précisément ce passage de la sauvagerie à la civilisation.

SUJET DE COMPOSITION FRANÇAISE

Votre lecture de l'œuvre de Sartre *Les Mots* vous permet-elle de partager le jugement d'un critique contemporain :

« *Les Mots* seraient, dans le projet de leur auteur, une autobiographie qui se contesterait elle-même en tant qu'autobiographie, des souvenirs d'enfance contestant la mythologie sur laquelle reposent les souvenirs d'enfance traditionnels, le récit d'une vocation d'écrivain, qui se moquerait des récits de vocation » (J. Lecarme).

Introduction

L'autobiographie est un genre difficile à cerner dans toute sa pureté ; en effet, tout écrivain se livre aussi dans ses romans, surtout quand ils sont autobiographiques. D'où la nécessité, pour déclarer une œuvre pleinement autobiographique, de reconnaître à travers le sujet de l'énonciation, à la fois personnage et narrateur, l'auteur lui-même dont le nom apparaît sans ambiguïté sur la couverture du livre. C'est là un critère externe qui ne suffit plus lorsque nous nous trouvons devant une autobiographie comme *Les Mots* où, ainsi que le déclare J. Lecarme, le genre se trouve contesté de l'intérieur, par la forme-sens.

En parlant d'autobiographie le critique considère tout de même que *Les Mots* relèvent de ce genre et l'on tentera de préciser ce qui, effectivement, relève dans *Les Mots* de l'autobiographie traditionnelle. Puis on soulignera les procédés qui contestent le genre autobiographique. Il sera alors possible d'envisager en quoi *Les Mots* proposent une esthétique nouvelle de l'autobiographie.

Plan détaillé

1. *Les Mots* : une véritable autobiographie

a. Rien dans le titre de l'œuvre, ou dans un sous-titre, ne vient préciser qu'il s'agit d'une autobiographie ; pourtant, de multiples **indices objectifs** signalent que le Je qui parle est bien Jean-Paul Sartre (nom du père, références aux Schweitzer, références à *La Nausée*, à Nizan...).

b. *Les Mots* relèvent du genre autobiographique car l'œuvre permet à l'écrivain d'opérer un **retour sur soi** : elle ménage des moments de nostalgie (connivence avec la mère), en même temps qu'elle permet de mettre en scène la cohérence de la « Comédie de la culture », de souligner en particulier la dualité qui a caractérisé la vie de l'enfant (singer les adultes, faire préavaloir l'imaginaire sur le réel...).

c. *Les Mots* n'échappent pas au problème de la sincérité que pose toute autobiographie. Les aspects intimes sont rapidement évoqués (rapports de l'enfant avec la mère, découverte de la sexualité, découverte de la laideur), mais ils laissent la part belle à l'analyse critique qui conduit l'enfant à devenir un écrivain bourgeois. À proprement parler, c'est plus ici la **lucidité** qui est à louer que la sincérité.

2. *Les Mots* ou la contestation de l'autobiographie

a. Sur le plan temporel, *Les Mots* présentent une liberté inhabituelle : ce sont les dix premières années de Poulou qui sont mises en relief ; seules quelques pages sont consacrées au Jean-Paul Sartre écrivain, auteur de *La Nausée*. Par ailleurs, la conception du temps à l'œuvre dans *Les Mots* n'est pas chronologique mais **dialectique** (selon P. Lejeune) ; les événements semblent coextensifs les uns aux autres, on décèle des fausses progressions, des répétitions. Enfin, le temps est pris comme **à rebours** et c'est l'évidence de la mort qui prime : « je regardais ma vie à travers mon décès et ne voyais qu'une mémoire close dont rien ne pouvait sortir, où rien n'entrait » (p. 189).

b. L'autobiographie est en général sentie comme une reviviscence du passé, et qui en déploie les potentialités. Sartre s'attache au contraire à montrer que sa vocation littéraire est **truquée** ; il se rabaisse au niveau de l'enfant qui écrit, prend son sérieux (perd le sien) et nous rend compte de ses diverses tentatives d'écriture. « Le projet autobiographique, dans *Les Mots*, dit Geneviève Idt, n'est pas une recherche du temps perdu et ne prétend pas restituer le passé : le narrateur en constate le décès : "[*Ces romans*], je les ai perdus et je me dis parfois que c'est dommage : si je m'étais avisé de les mettre sous clé, ils me livreraient toute mon enfance" ». *Les Mots* ou **l'autobiographie de la disparition, du vide, de l'absence** (« Il y a quelqu'un qui manque ici », pp. 76, 95, 138...).

c. L'autobiographie de Sartre se situe entre le pastiche et la parodie de nombreuses œuvres littéraires. **Autobiographie de type polyphonique** où s'entendent les styles d'Anatole France ou de Giraudoux, ou celui du Nouveau roman à travers lequel on dit exactement ce qu'on voit, comme le demandait Flaubert au jeune Maupassant. Considéré comme un « bien culturel », Sartre se justifie ainsi, tout en jouant de la distance parodique.

3. *Les Mots* comme renversement ironique de l'autobiographie

a. À la place d'un style personnel qui dit la subjectivité, on trouve dans *Les Mots* une mise à **distance ironique** du sujet de l'énoncé par le sujet de l'énonciation. Mais le ton du pamphlet utilisé ne fait toutefois pas le procès en règle de la famille bourgeoise ; la satire est diffuse, elle se trouve même subvertie par l'excès (portrait du grand-père) qui laisse souvent transparaître une pudique tendresse.

b. L'autobiographie d'un homme de lettres rend compte d'un itinéraire et d'une vocation. Sartre tourne en dérision la vocation littéraire qu'on lui a imposée ; il en reconnaît le caractère illusoire, mais il ne peut l'effacer. Elle relève de son expérience et il ne peut la renier, mais il souligne que **sa vérité est aussi de l'avoir dépassée** : « L'illusion rétrospective est en miettes ; martyre, salut, immortalité, tout se délabre [...] ; depuis à peu près dix ans je suis un homme qui s'éveille, guéri d'une longue, amère et douce folie et qui n'en revient pas et qui ne peut se rappeler sans rire ses anciens errements et qui ne sait plus que faire de sa vie » (pp. 204-205).

c. La vision anthropologique à l'œuvre dans *Les Mots* est aux antipodes de la vision traditionnelle telle que la définit Rousseau dans les *Confessions* : à l'être autobiographique, unique et exceptionnel, Sartre se plaît à opposer **un homme qui vaut tous les autres** (p. 206). Chacun peut ainsi, à travers son expérience, action ou engagement, trouver un intérêt à écrire son autobiographie.

Conclusion

La force des *Mots* réside dans le fait qu'il s'agit bien au départ d'une autobiographie traditionnelle mais qui parvient à se contester. Ce projet de contestation lui permet d'atteindre à une esthétique autobiographique plus riche, à une analyse critique plus exigeante et surtout à une **connivence avec le lecteur qui a rarement été égalée**.

Bibliographie essentielle

Édition des *Mots*

Les Mots, coll. « Folio », n° 607, Gallimard, 1992.

Sur Sartre

Michel CONTAT, Michel RYBALKA, *Les Écrits de Sartre*, NRF, Gallimard, 1970.

Francis JEANSON, *Sartre dans sa vie*, Le Seuil, 1974.

Revue *Obliques*, numéro spécial 18-19, consacré à Sartre.

Œuvres de Sartre susceptibles d'éclairer la lecture des *Mots*

L'enfance d'un chef (nouvelle).

Qu'est-ce que la littérature ?, coll. « Idées », Gallimard.

Situations IV, NRF, Gallimard.

Baudelaire, coll. « Idées », Gallimard.

Saint Genet comédien et martyr, Gallimard.

Sartre vu par Simone de Beauvoir

La Force de l'âge, Gallimard, 1960.

Ouvrages et articles sur *Les Mots* et sur le genre autobiographique

A.-J. ARNOLD et J.-P. PIRIOU, *Genèse et critique d'une autobiographie, Les Mots de J.-P. Sartre*, Minard, 1973.

Geneviève IDT, « L'autoparodie dans *Les Mots* de Sartre », *Cahiers du XXe siècle*, n° 6, 1976.

Jacques LECARME, « *Les Mots* de Sartre », *Revue d'histoire littéraire de la France*, novembre-décembre 1975, n° 6.

Philippe LEJEUNE, *L'autobiographie en France*, coll. « U2 », Armand Colin, 1971.

Philippe LEJEUNE, « L'ordre du récit dans *Les Mots* de Sartre », *Le Pacte autobiographique*, coll. « Poétique », Le Seuil, 1975, pp. 197-243.

Philippe LEJEUNE, « Sartre et l'autobiographie parlée », dans *Je est un autre*, coll. « Poétique », Le Seuil, 1980, pp. 161-202.

Philippe LEJEUNE, « Les enfances de Sartre », dans *Moi aussi*, coll. « Poétique », Le Seuil, 1986, pp. 117-163.

E. MOROT-SIR, *Lire aujourd'hui Les Mots*, Hachette, 1975.

Nouvelle revue pédagogique consacrée à « L'autobiographie », Nathan, février 1993, n° 6.

Revue *Poétique* consacrée à « L'autobiographie », Le Seuil, 1983, n° 56.